Gisela Preuschoff

Eltern brauchen Grundvertrauen

HERDER spektrum

Band 5502

Das Buch

Ein Vertrauensvorschuß ins Leben ist unabdingbar, damit das Leben gut werden kann. Solches Grundvertrauen ins Leben stellt sich aber in der Regel nicht von selbst ein; es muß bewußt gepflegt werden. All zu leicht fangen sonst die Ängste und Sorgen an, Macht über die Eltern zu gewinnen und auch die Kinder in ihrer seelischen Entwicklung zu belasten. Die Autorin möchte mit diesem Buch Eltern helfen, sich aus der Angstspirale zu befreien und die Zukunftssorgen in eine positive Lebensperspektive zu verwandeln. Sie zeigt den Leserinnen und Lesern, wie aus guten Gedanken, Gefühlen und Visionen von einer glücklichen Zukunft der Kinder Energien entstehen, die eine segensreiche Wirkung entfalten. Mit konkreten Beispielen bietet sie Alternativen zu Zukunftssorgen und Grübeleien an, die das gesamte Familienleben verändern. Anhand typischer Elternängste macht sie nachvollziehbar, wie Eltern ihre Sorgen in Zuversicht und Vertrauen ins Leben verwandeln können.

Die Autorin

Gisela Preuschoff, Jahrgang 1950, Ausbildung in Familientherapie, klinischer Hypnose, NLP, langjährige Erfahrung in Meditation mit Kindern als Lehrerin und Mutter von vier Kindern. Arbeitet heute in freier Praxis als Therapeutin mit Kindern und Erwachsenen. Autorin zahlreicher Bücher zu Erziehungs- und Familienproblemen. Bei Herder: „Kinder zur Stille führen. Meditative Spiele, Geschichten und Übungen", „Kinder mit Mandalas zur Stille führen", „Mit Kindern achtsam durch das Jahr", „Wenn Kinder die Wut packt", „Was Mutter und Kind gut tut".

Gisela Preuschoff

Eltern brauchen Grundvertrauen

Wie Ihre Zuversicht den Kindern hilft

Herder
Freiburg · Basel · Wien

Gedruckt auf umweltfreundlichem,
chlorfrei gebleichtem Papier

Originalausgabe

Alle Rechte vorbehalten – Printed in Germany
© Verlag Herder Freiburg im Breisgau 2000
Herstellung: Freiburger Graphische Betriebe 2000
Umschlaggestaltung und Konzeption:
R·M·E München / Roland Eschlbeck, Liana Tuchel
Umschlagmotiv: © photonica
ISBN 3-451-05502-3

Inhalt

Vorwort 7

Einleitung
Vertrauen – die unterschätzte Kraft 11

I. Vertrauen als Basis von Beziehungen 13
  Zwischen Liebe und Angst 13
  Was ist Hoffnung? 24
  Blindes Vertrauen? Verstand und Intuition
  gehören zusammen 25
  Wie Vertrauen entsteht und wie es verhindert wird   28
  Warum Rituale Vertrauen stärken 33
  Was ein Kind wünscht, ist nicht immer das,
  was es braucht 38
  Warum Strafen Vertrauen zerstören 46
  Vertrauen ist ein wechselseitiger Prozeß 49
  Vertrauen und Selbstwertgefühl 51
  Zum Umgang mit Lob und Kritik 62

II. Elternängste – und was man dagegen tun kann . . . 66
  Den inneren Dialog beachten 68
  Dialog mit meiner Angst 70
  Entspannung 71
  Kompetenzerweiterung und Aufklärung 72
  Gelassenheit wiederfinden 72
  Altar für die Liebe 73

III. Vertrauen in verschiedenen Lebensphasen 74
  Entwickelt sich mein Kind richtig? 74
  Wenn du eine Sache nicht ändern kannst,
  ändere deine Gefühle für sie 76
  Der Sorgenbaum 76

Dankbarkeit 77
Vertrauen in kindliche Fähigkeiten 78
Vertrauen im „Trotzalter" 80
Schulprobleme 84
Wie Sie Ihre Schulsorgen loswerden 88
Was Sie vermeiden sollten 89
Verhaltensprobleme 90
Was man bei Verhaltensproblemen tun kann 95
Was Sie vermeiden sollten 96
Angst vor Krankheiten – Vertrauen in Gesundheit 96
Vertrauen in der Pubertät 102
Wird mein Kind drogensüchtig? 109

IV. Vertrauen lernen 120
Spirituelle Intelligenz – wie wir sie fördern
und wie sie uns hilft 120
Schritt für Schritt vertrauen 122
Positive Bilder erschaffen 123
Tagebuch schreiben 125
Bildertagebuch 126
Morgenseiten 127
Vertrauen Sie Ihren Träumen 128
Vertrauen Sie der Natur als Lehrerin 130
Vertrauen durch Gebete lernen 133
Bitte um Schutz und Führung 135
Das Sonnengebet 136
Wie Gebete wirken 137
Wie soll ich beten? 138
Mudras 140
Mantras 143
Affirmationen und Suggestionen 145
Musik 147
Gebet und Meditation 147
Wie soll ich meditieren? 148
Die Kraft des positiven Denkens 151
Von Engeln und anderen guten Mächten 154
Was ist Segen? 156
Wie Liebe wirkt 157

Literatur 160

Vorwort

Christine hatte schlaflose Nächte. Ständig machte sie sich Sorgen um ihre kleine Tochter Nele. Würde sie gesund bleiben? Was wäre, wenn sie Keuchhusten bekäme? Wenn sie vor ein Auto liefe? Oder von einem Hund angefallen würde, wie es erst neulich wieder in der Zeitung stand?

Als Christine in meine Praxis kam, scheute sie sich nicht, ihre Ängste auszusprechen und sie gleichzeitig für absurd zu erklären. Natürlich sagte ihr Kopf ihr auch: „Das wird schon nicht passieren. Das ist sehr unwahrscheinlich." Aber besser fühlte sie sich dadurch nicht. Im Gegenteil: Jedes der Schreckensbilder sah sie im Geiste vor sich. Sie fühlte sich so hilflos.

Von Grundvertrauen keine Spur.

Als ich vor über zwanzig Jahren mein erstes Kind, unseren Sohn Nikolai bekam, wurde ich auch von vielen Ängsten geplagt. Mein Kind schrie – und ich befürchtete das Schlimmste. Mein Sohn ergriff eine Stecknadel – und ich war sicher, er würde sie verschlucken.

Heute kann ich von mir behaupten: Ich habe Grundvertrauen und viel weniger Angst. Gleichzeitig schätze ich meine Angst als eine wertvolle Ratgeberin. Sie ermahnt mich immer wieder zur Achtsamkeit.

Was Achtsamkeit bedeutet, habe ich in diesem verregneten Winter erfahren: Der Regen hatte unsere Wiese in ein Matschfeld verwandelt. Um unsere drei Schafe zu füttern, mußte ich diese Wiese, beladen mit einem Bund Heu, überqueren. Wenn ich meine Schritte unachtsam setze, bleibe ich mit meinen Gummistiefeln im Schlamm stecken und muß auf Strümpfen durch den eisigen Matsch zurück ins Haus. Konzentriere ich mich aber ganz auf jeden Schritt, achte genau auf die Bodenbeschaffenheit und gehe achtsam, komme ich sicher ans Ziel.

In den letzten zwanzig Jahren habe ich unzählige Erfahrungen gesammelt. Diese möchte ich heute an junge Eltern weitergeben. Meine Erfahrungen haben das Vertrauen in mir ständig wachsen lassen und dazu geführt, daß ich mich immer sicherer und wohler fühle.

Im 20. Jahrhundert wurde dem IQ große Bedeutung beigemessen. Bis heute werden Kinder und Erwachsene nach diesem Intelligenztest bewertet, beurteilt und sortiert. In den neunziger Jahren erforschte Daniel Goleman die emotionale Intelligenz und vermittelte vielen Millionen Menschen auf der ganzen Welt, daß es ebenso wichtig ist, seine eigenen und die Gefühle der anderen wahrzunehmen und angemessen damit umzugehen. Intelligenz ohne kompetenten Umgang mit Gefühlen ist wertlos. Die Angst, von der in dem vorliegenden Buch immer wieder die Rede ist, gehört zu den Emotionen, die mit unserem EQ bewältigt werden müssen. Ich möchte Ihnen in diesem Buch Möglichkeiten aufzeigen, Angst und Sorgen in Vertrauen und Zuversicht umzuwandeln. Nun – zu Beginn des neuen Jahrtausends – ist ein drittes Q gefunden worden, unsere spirituelle Intelligenz. Sie ist das notwendige Fundament dafür, daß sowohl unser IQ als auch der EQ wirkungsvoll einsetzbar sind. Die Autoren, die spirituelle Intelligenz beschreiben, nennen sie unsere höchste Intelligenz. Jeder hat sie und jeder kann sie nutzen. Ohne sie hätte ich auch das vorliegende Buch nicht schreiben können. Grundvertrauen kann nur dann wachsen, wenn wir unseren spirituellen Kern wiederentdecken und unsere Kreativität, Vorstellungskraft und unsere Träume wertschätzen. Wenn wir das Leben betrachten, sind seine Elemente grundsätzlich optimistisch angelegt. Das Leben schreit sozusagen nach Leben. Das Ei möchte Küken werden, die Knospe Blatt und Blüte, das Kind will wachsen, groß werden und sich selbst entdecken. Ganz sicher kommt nach jedem noch so kalten Winter ein neuer Frühling. Die Vögel fangen irgendwann wieder zu singen an, ob wir das nun glauben oder nicht.

Und unsere Kinder wollen ihre ureigenen Lebenspläne verwirklichen.

Zugvögel fliegen tausende von Kilometern mit einem Vertrauen, das keine Sorgen, Gefahren und Zweifel kennt. Vögel fragen nicht danach, wie das Wetter sein wird, und sie machen sich keine Sorgen um ihre Nahrung. Auch wenn einige Vögel sterben, verlieren die anderen nicht das Vertrauen in den richtigen Kurs. Sie fliegen einfach auf ihr Ziel zu und vertrauen der ihnen innewohnenden Kraft.

Es ist dieselbe Kraft, die auch uns zur Verfügung steht, wenn wir offen und empfangsbereit sind.

Dennoch laufe ich auch immer wieder Gefahr, das Vertrauen zu verlieren und mich mit Ängsten herumzuplagen, die mir nicht weiterhelfen. Die Übungen, die ich in diesem Buch für Sie aufgeschrieben habe, regen mich jedoch täglich an, den sicheren Weg durch den Sumpf des Lebens zu finden.

Natürlich weiß ich nicht, welche Schicksalsschläge mir noch bevorstehen. Ich weiß jedoch, daß ich Wege finden werde, danach weiterzuleben und wieder Freude zu erfahren. Und mein „Geheimrezept"? Es lautet: *Sorgen in Segen* verwandeln.

Sehr viele Menschen haben mir geholfen, dieses Buch zu schreiben, indem sie mir aus ihrem Leben und von ihren Erfahrungen berichteten. Ihnen allen bin ich sehr dankbar.

Stellen Sie sich vor, daß Sie jetzt gerade ein kleines Samenkorn in gut befeuchtete Erde legen. Aus ihm wird, indem sie dieses Buch zur Hand nehmen, ganz allmählich die Pflanze Grundvertrauen wachsen. Sie kann der Mittelpunkt Ihrer Familie werden und wird Ihnen viel Freude bereiten, wenn sie gehegt und gepflegt wird. Zuversicht ist dann wie guter Boden, der die verschiedenfarbigen Blüten – ihre Kinder – zur Entfaltung bringt.

Mut zum Vertrauen lautet der Titel eines Buches, das eigentlich für Unternehmer und Manager geschrieben wurde. Familien sind Unternehmen in vielen Punkten ähnlich, und viele Mütter fühlen sich wie Manager – nur schlechter bezahlt.

Mut zum Vertrauen wünsche ich allen Müttern und Vätern: Vertrauen in die eigene Kraft, die eigene Kompetenz, Vertrauen zueinander und in das Leben selbst.

Einleitung

Vertrauen – die unterschätzte Kraft

Was wären wir ohne Vertrauen? Vertrauen ist die Grundsäule menschlichen Lebens. Niemand könnte ganz ohne Vertrauen existieren. Stellen Sie sich einmal vor, Sie würden jeder Information, die Sie vom Morgen bis zum Abend erreicht, mißtrauen. Es wäre ein Leben in entsetzlicher Angst und schrecklicher Stimmung! Vertrauen tut gut. Und Kontrolle ist keineswegs besser. Sie ist allenfalls hin und wieder notwendig. Wenn wir unser Vertrauen mit einer gesunden Portion Menschenverstand kombinieren, können wir glücklich leben und eine Menge neuer Erfahrungen sammeln. „Nichts kann hinderlicher sein, Vertrauen zu entwickeln, als der Versuch, alles und jedes zu kontrollieren", schreibt Werner Bauer, ein bekannter Unternehmensberater, in seinem Buch „Mut zum Vertrauen". Und den bekannten Spruch wandelt er um in: „Kontrolle ist gut – Vertrauen ist besser" – in Familien genauso wie in Unternehmen! Wenn wir nämlich vertrauen, können Mitarbeiter wie Familienmitglieder Eigenverantwortung entwickeln, ihre ganze Kreativität entfalten und soziale Kompetenz entwickeln. Wenn wir mißtrauen und ständig kontrollieren, beschwören wir Tarnung, Täuschung und ein falsches Spiel herauf.

Vertrauen trägt jedoch immer ein Risiko in sich. Wer vertraut, wagt etwas, läuft immer auch Gefahr, enttäuscht zu werden. – Es gibt keine Garantie.

11

Beim Erwachen vertrauen wir darauf, daß unsere Wohnung nicht einstürzt, wir etwas zu essen vorfinden und unsere wichtigsten Aufgaben erledigen können. Andernfalls würden wir wohl kaum aufstehen. Unser alltägliches Vertrauen ist so selbstverständlich, daß wir es meistens nur bemerken, wenn es uns verläßt. Dann machen wir uns Sorgen oder haben Angst.

In der Psychologie wird Vertrauen als eine Persönlichkeitseigenschaft aufgefaßt.

Der eine hat es, der andere hat es nicht. „Faßt man Vertrauen als Persönlichkeitseigenschaft auf, unterscheiden sich Menschen dahingehend, in welchem Grad sie Vertrauen aufbringen; Vertrauen ist dann ein ähnlich stabiles Merkmal wie beispielsweise die Intelligenz eines Menschen" (Schweer S. 13). Vertreter dieser Theorie gehen davon aus, daß das Ausmaß an Vertrauen, das ein Mensch aufbringt, über Erziehung und Sozialisation erworben wird und dann das Verhalten des Menschen in neuen Lebenssituationen bestimmt. Dabei ist mit Vertrauen die Zuversicht gemeint, daß sich andere Personen oder Institutionen als vertrauenswürdig erweisen werden. Der Grad des Vertrauens spiegelt also die Zuverlässigkeit der sozialen Umgebung wider und dient in vielen Situationen des Lebens als Entscheidungsgrundlage. Das fängt damit an, daß wir beim Bäcker Brötchen kaufen im Vertrauen, daß sie gut sind. Wir schicken unsere Kinder zur Schule im Vertrauen, daß sie den Weg finden und auf sich aufpassen. Wir überlassen unsere Kinder Erziehern im Vertrauen, daß diese sie fördern. Wir schenken unserem Sohn sogar ein Messer im Vertrauen, daß er es sinnvoll einsetzt.

I. Vertrauen als Basis von Beziehungen

Zwischen Liebe und Angst

Zwei Grundgefühle bestimmen unser Leben: Liebe und Angst. Liebe schenkt Vertrauen, Angst sät Mißtrauen. Alles, was wir empfinden und fühlen, leitet sich aus diesen beiden Gefühlen ab. Jeder Gedanke, jedes Wort oder jede Tat gründet sich auf eines dieser beiden Gefühle. In heutiger Zeit fühlen sich viele Menschen voller Sorgen und Ängste. Dieser Zustand erscheint ihnen schon so selbstverständlich, daß sie es kaum noch bemerken. Zersplitterung, Entfremdung, Angst und Sinnlosigkeit sind Gefühle, die von den Autoren der „spirituellen Intelligenz" als Krankheitsmerkmale unserer Zeit beschrieben werden. Sie sind Bestandteil einer „schizoiden Kultur", die uns mit materiellem Überfluß versorgt und unsere Spiritualität verkümmern läßt.

Und sehr oft wird Angst verdrängt. Menschen mögen ihre Angst nicht und spülen sie mit Alkohol, Tabletten oder Drogen herunter. Andere versuchen, sie durch ständige Ablenkung und Aktivität loszuwerden. Ist unsere Welt vielleicht deshalb so hektisch, weil wir in verschiedenen Richtungen vor unserer Angst davonlaufen? Verdrängen tut nicht gut. Unsere

Angst wird sich dann einen anderen Weg suchen, ihre Botschaft auszudrücken, und wir werden wahrscheinlich krank. Wenn wir nicht hören wollen, was unsere Angst uns zu sagen hat, fängt sie an, eine andere Sprache zu sprechen. Ob wir sie dann besser verstehen? Angst kommt von Enge. Es ist die Energie, die zusammenzieht, versperrt, einschränkt, wegläuft, hortet, Schaden zufügt. Angst krallt und klammert sich an alles, was wir haben.

Jedoch sollten wir unsere Angst auch nicht vorschnell verdammen. Sie weist uns immer auf etwas hin, will uns aufmerksam machen und ernst genommen werden. *Angst hat einen Sinn.*

Angst ist ein biologisch verankertes sinnvolles Reaktionsmuster. Die mit ihr verbundene Erregung tritt in Gefahrensituationen auf, in der uns kein sinnvolles Verhalten einfällt. Sie soll uns helfen, gefährliche Situationen zu vermeiden. Die Angst bewältigen heißt dann, mit ihr leben lernen. Sie setzt das Signal, daß wir bedroht sind und Abhilfe schaffen müssen. Und wenn wir uns unserer Angst stellen, eröffnen sich neue Wege. In diesem Sinne hilft uns die Angst, Probleme zu lösen.

Liebe ist die Energie, die sich ausdehnt, sich öffnet, aussendet, bleibt, enthüllt, teilt, heilt. Liebe vermehrt sich, indem wir sie verschenken. Liebe läßt los.

Angst nagt am Herzen. Liebe besänftigt und bessert.

Warum ist Angst heute so verbreitet?

Ich glaube, sie ist uns seit Jahrhunderten gelehrt worden. Außerdem hat die Menschheit mit ihren Erfindungen eine Entwicklung heraufbeschworen, die ihr jetzt selber angst macht. Die Geister der Zerstörung wurden gerufen – und nun erschrecken sie uns! Das steht schon in Goethes Faust.

Alle undemokratischen Herrschaftsformen basieren auf Angst bzw. Angstmacherei, und wir leben noch nicht sehr lange selbstbestimmt. Vielen wurde gesagt, daß nur die Stärksten und Klügsten überleben und Erfolg haben. Und daß die Bösen bestraft werden, spätestens in der Hölle. Nach zwei Kriegen hat kaum jemand die Liebevollsten gelobt. Vielen wurde beigebracht, daß es schlau ist, viel zu besitzen und daß verlieren Verlust bedeutet. Noch immer wird Mißtrauen auf andere Menschen projiziert, indem man Feindbilder schafft und Schuld zuweist. Viele Menschen haben Angst vor Verlust. Sie glauben, andere würden ihnen etwas wegnehmen. Die Angst vor Strafe und die Angst vor Gott ist heute nicht mehr so verbreitet wie im letzten Jahrtausend.

Aber die Angst vor den Zwischenfällen und Ereignissen im Leben, die uns aus der Bahn werfen, ist allgegenwärtig.

Angst entsteht durch die Dualität, durch das Gefühl der Zerrissenheit, die in der Welt erlebt wird. Da sind „die Guten und die Bösen", das Licht und die Dunkelheit. Vor den Bösewichten muß man Angst haben. Sie müssen ausgegrenzt, bestraft und abgesondert werden.

„Spirituelle Krankheit ist ein *Zustand der Zersplitterung*, der vor allem vom Zentrum des Selbst ausgeht. Spirituelle Gesundheit ist ein Zustand der zentrierten Ganzheit", schreiben die Autoren von „spirituelle Intelligenz".

Angst entsteht immer dann, wenn abgetrennt und sortiert und vernichtet wird. So gibt es immer mehr Straftaten, obwohl wir immer mehr Gefängnisse bauen. Es gibt immer mehr Naturkatastrophen, obwohl die Menschen die Natur überall eindämmen und ausgrenzen.

Würde sich die Menschheit dieser Angst vor dem sogenannten Bösen und den Naturkatastrophen stellen, könnten Lösungen gefunden werden. Man kann das deutlich an Bürgerinitiativen sehen, die sich ursprünglich aus Angst gegründet haben – dann jedoch zu neuen Lösungen führten, die nun weniger angst machen und Vertrauen schaffen. Ein sehr gutes Beispiel ist in dem Film „Lob des Fehlers" zu sehen, den ich im Literaturverzeichnis aufgeführt habe. Dort wird gezeigt, wie sich in Basel aus einer Bürgerinitiative, die aus Angst vor weiteren Chemieunfällen entstand, eine Schulreform entwickelt hat, die zu mehr Eigenverantwortung und Vertrauen in die Fähigkeiten der Menschen führte. Das gesamte Schulsystem wurde genauso verändert wie die Unternehmenskultur des Chemiekonzerns, und der Erfolg zeigt, daß *Vertrauen lernbar ist.*

Wir haben Angst, wenn wir uns alleingelassen und ausgegrenzt fühlen. Wenn wir uns umgeben von einer schlechten Welt fühlen, die es darauf anlegt, unsere Fehler zu entdecken, uns eins auszuwischen und uns zu bestrafen. Einer Welt, der wir mißtrauen müssen und die wir nicht ändern können. Wir haben Angst, wenn unsere Gedanken Schreckensbilder entstehen lassen, in denen wir immer wieder die Verlierer sind. Wir haben Angst, wenn wir das Leben als Kampf begreifen oder als Kartenspiel, in dem wir leider immer die Mischung mit den „Arschkarten" erhalten.

Wenn ich mit allem verbunden und nicht abgetrennt bin, fühle ich mich geborgen und sicher. Ich bin ja Teil des Ganzen. Das Leben ist dann kein Kampf, sondern ein Spiel mit Gewinnchancen, ein Miteinander. Jeder hat gute und schlechte Karten, und jeder hat die

Chance, zu gewinnen. Es ist ein Spiel ohne Aussonderung, ohne Verlierer. Es ist ein von Liebe getragenes Spiel mit dem Ziel, eins mit allem zu werden. Der „Böse" ist dann kein Feind, sondern jemand, der mich auf etwas aufmerksam macht, einen Mißstand aufzeigt, mir hilft zu lernen und Probleme zu lösen. Ich stelle mir das gern als Theaterstück vor. In jedem Stück werden „die Bösen" unbedingt gebraucht, damit eine Dynamik entsteht, es spannend wird und die Helden sich bewähren können. Zum Schluß bekommen die Bösen Applaus, sie haben ihre Rolle gut gespielt. Sie ziehen ihre Kostüme aus und gehen in ihre Alltagsrolle zurück, in ein anderes Leben.

Auch in Märchen werden die Guten und die Bösen gebraucht, um die Heilung am Schluß herbeizuführen. Es tut gut, nicht nur die Goldmarie, sondern auch die Pechmarie im eigenen Herzen zu entdecken und darauf zu vertrauen, daß Frau Holle auch mir in meiner persönlichen Not einen Weg aufzeigt.

Zu einem Stück gehören immer ganz Verschiedene. Sie bilden eine Einheit, und diese Einheit ist von der Liebe der Aussage getragen. Wenn wir uns auf den Weg machen wie die Helden in Märchen und Mythen, wird das Ende auf jeden Fall gut. Wir sammeln Erfahrungen in dem Stück und durch das Stück. Und wir erlangen Kompetenz.

Liebe heißt, das Ganze annehmen. Alles gehört dazu und hat seinen Sinn. Auch wenn wir den nicht gleich verstehen. Liebe heißt, dem Stück „Leben" vertrauen.

„In der Welt habt ihr Angst", hat Jesus gesagt. Und angefügt: „aber ich habe die Welt überwunden." Der einzige Weg, „die Welt zu überwinden", ist der Weg der Annahme, des Einsseins und der Liebe.

Umfragen zufolge haben heute die meisten Menschen – und auch Kinder – Angst vor Arbeitslosigkeit und Umweltzerstörung. Arbeitslose sind ausgeschlossen von denen, die arbeiten und von denen, die viel Geld verdienen. Also wieder aussortiert, ausgegrenzt. Mit der Umweltzerstörung setzen wir Technik gegen Natur und schaffen damit eine neue Dualität, die uns selber existenziell bedroht. Gegeneinander statt miteinander. Angesichts dieser realen Gefahren fühlen sich viele Erwachsene ohnmächtig. Sie glauben nicht, daß sie selber auch ohne feste Anstellung sinnvoll leben oder „über die Runden" kommen können oder daß unsere Welt fortbesteht. Würden wir unseren Stärken und Fähigkeiten vertrauen und damit unsere spirituelle Intelligenz beweisen, könnten wir *aus jeder Situation etwas Gutes entstehen lassen.* Unserer Kreativität sind keine Grenzen gesetzt – außer denen, die wir uns mit unseren Gedanken und Sorgen selber setzen. Wir könnten mit weniger Angst leben, wenn wir die Chancen der Arbeitslosigkeit erkennen und die Art Technik unterstützen, die von der Natur gelernt hat und sich mit ihr verbindet. „Das geht nicht." „Ich kann das nicht" sind Gedanken des Mißtrauens, Gedanken der Angst. Heitere Gelassenheit ist der Zustand, der unser Potential zur Entfaltung bringt und uns denken läßt:

„Ich kann das und werde die Probleme lösen, weil ich überall Hilfe finde." Das sind Gedanken des Vertrauens und der Liebe. Sie bringen uns weiter.

Ein besonderer und wichtiger Aspekt der Angst sind in unserem Zusammenhang *Scham- und Schuldgefühle.* Alle Eltern haben irgendwann einmal das Gefühl, mit ihren Kindern etwas falsch gemacht oder versagt zu haben. Wir sind fast alle mit Schuldgefühlen erzogen worden, und bis heute sind Schuldgefühle unglaublich mächtig. Ein Rezept zur Machtausübung lautet: Vermittle deinen Untertanen Schuldgefühle! Schuldig vertrauen sie sich selbst nicht mehr, sind ängstlich und unsicher. Kinder spüren die Unsicherheit ihrer Eltern, werden mißtrauisch und fordern ihre Eltern heraus: Indem sie ihre Eltern provozieren oder „nerven", stellen sie unbewußt die lebenswichtige Frage: Kann ich noch Vertrauen haben, oder stehe ich auf wankendem Boden?

*Vera hat ihre fünfjährige Tochter übers Wochenende bei einer Freundin untergebracht, um einmal „frei" zu haben. Als sie zurückkehrt, ist die kleine Sina wie ausgewechselt. Zu Hause will sie ihre Milch nicht trinken, die sie sonst doch immer mochte. „Ich will Saft, aber sofort!" schreit Sina. „Ich habe keinen Saft", sagt Vera. „Wenn Du Wasser möchtest ..."
„Ich will aber Saft!" Sina bekommt einen Wutanfall, und Vera wird unsicher. Ob sie bei ihrer Freundin immer Saft bekommen hat? Ist Saft vielleicht viel gesünder als Milch? Muß eine gute Mutter nicht Saft haben? „Sina, wollen wir beide Saft kaufen gehen?" Sina brüllt weiter. Ihr geht es gar nicht um den Saft. Ihr geht es um die Sicherheit, nicht im Stich gelassen zu werden, ihre Mutter wieder bei sich zu haben. Es tut Sina gut, ihre Wut herauszuschreien, und es würde Vera gut tun, ihre Schuldgefühle dankbar anzunehmen, um dann festzustellen: Ein Kind kann gut einen Tag ohne Saft auskommen, es ist in Ordnung, keinen Saft zu haben. Es ist in Ordnung, ein fünfjähriges Kind für zwei Tage bei vertrauten Personen*

unterzubringen. Ich bin als Mutter in Ordnung. Ich kann meine Schuldgefühle loslassen.

Aus dieser Haltung heraus kann Vera dann wieder auf Sina zugehen und freundlich sagen: „Laß uns wegen der Milch nicht so einen Streit anfangen, mein Schätzchen. Hast du Lust, die Geschichte von dem dicken Mäuserich zu hören ...? Oder möchtest du lieber Mensch ärgere dich nicht spielen?"

Als Mütter und Väter sind wir alle „nur Menschen", also nicht frei von Fehlentscheidungen oder Fehlverhalten. Daraus muß jedoch nicht die Angst erwachsen, grundsätzlich falsch, minderwertig oder unfähig zu sein. Schuldgefühle sind wichtig, denn sie erinnern uns an unsere Werte und Vorsätze. Wir sollten dankbar sein, daß wir sie haben, denn sie führen uns zurück auf den von uns gewählten Weg. Wenn wir jedoch darin steckenbleiben und uns ängstlich zurückziehen, anstatt Verhalten zu verändern und aus dem Fehler zu lernen, zerstören wir Vertrauen und schaffen nur neue Angst.

Kinder können Eltern mit Schuldgefühlen nicht trauen, weil sie aus ihrem schlechten Gewissen heraus schwankend und unsicher sind und alle möglichen Zugeständnisse machen oder Konsumwünsche erfüllen, die dem Kind überhaupt nicht gut tun.

Eltern mit Schuldgefühlen trauen auch ihren Kindern zu wenig zu, weil sie glauben, sie hätten sie „falsch erzogen". So können die Kinder sich gar nicht anders verhalten, als sie es gerade tun.

Dem Kind wird – natürlich unbewußt – Kompetenz abgesprochen, die es zweifellos hat. Sina weiß, daß sie durchaus Milch trinken kann. Und das man Saft selber herstellen oder kaufen muß.

Ein anderes Beispiel:

Die dreizehnjährige Tina hat ihren Vater in einem Wutanfall „Arschloch!" genannt. Da rutscht ihm die Hand aus, und er knallt Tina eine. Tinas Vater hat sich immer geschworen, niemals seine Kinder zu schlagen, und nun ist es doch passiert. Der Streit entzündete sich um eine Jacke, die Tina vor der Haustür hingeschmissen hatte. Ihr Vater hatte sie höflich gebeten, die Jacke aufzuheben, und Tina hatte das verweigert. Jetzt hat Tinas Vater etwas getan, was er ablehnt. Er ist entsetzt über sich selbst und hebt nun die Jacke auf.

Wenn die beiden sich jetzt oder später hinsetzen und über alles reden: über die Wut und wie es dazu kam, „Arschloch" zu sagen. Über die Ohrfeige und wie es dazu kommen konnte. Wenn Tinas Vater sich entschuldigt, haben beide aus diesem Vorfall gelernt und sind ein Stück weitergekommen. Bestimmt wird sich Tina auch entschuldigen, weil sie am Beispiel ihres Vaters erlebt hat, daß es erwachsen und würdevoll ist, Fehler zuzugeben und dazu zu stehen.

Wenn Tinas Vater sich weiter schämt, jetzt immer hingeschmissene Jacken aufhebt, das Problem nicht bespricht und nicht den Anteil seiner Tochter an dem Problem berücksichtigt, verlieren beide an Vertrauen. Tina kann ihrem Vater nicht trauen, weil er scheinbar glaubt, sie könne keine Jacken aufheben und ihn als unfähig erlebt, mit ihr zu reden. Und der Vater traut Tina und sich selbst zu wenig zu. Er hat offenbar nicht erlebt, daß Probleme sich lösen lassen. Der Konflikt ist so nicht gelöst, sondern nur zugedeckt von einem Schuldgefühl.

21

Eltern mit Schuldgefühlen haben Angst – zum Beispiel vor den Nachbarn, den Erziehern und Lehrern, und was sollen die nur denken? –, und Angst ist niemals ein guter Ratgeber. „Angst macht dumm", heißt es im Volksmund.

Bleibt also zusammenzufassen: Scham und Schuldgefühle sind nützlich, wenn wir sie zum Anlaß nehmen, Probleme anzugehen, Verhalten zu ändern, uns Hilfe zu holen und Rat zu suchen.

Bleiben wir darin stecken, geraten wir in den Sumpf des Mißtrauens in unsere eigenen Fähigkeiten und des Mißtrauens in die Kompetenz und Kooperationsbereitschaft unserer Kinder.

Wenn wir Fehler machen, kommt es darauf an, *uns selbst zu verzeihen*. So werden wir unsere Schuld los. Indem wir uns verzeihen, können wir auch anderen verzeihen und aus dem Fehler lernen. Jeder Fehler kann unser Vertrauen stärken, weil wir uns durch ihn weiterentwickeln.

Ich selber habe mir viele Jahre lang Sorgen um meine Kinder gemacht. Ich fand das ganz normal, ja, ertappte mich sogar bei dem Glauben, daß nur eine sich Sorgen machende „sorgende" Mutter eine gute Mutter sei. Nun hat das Wort sorgen eine doppelte Bedeutung. Es meint zum einen, sich um jemand kümmern, jemanden versorgen, ihm Fürsorge zuteil werden lassen und ihn zu unterstützen. Zum anderen sich um jemand ängstigen, befürchten, es könne etwas Unangenehmes oder Schreckliches passieren. Natürlich müssen wir unsere Kinder liebevoll *versorgen und fürsorglich sein*, besonders wenn sie klein sind. Uns ständig den Kopf darüber zu zermartern, was ihnen alles passieren könne, hilft allerdings überhaupt nicht weiter. Es ist nützlich, sich darüber Gedanken zu machen, wo ein kleines Kind verunglücken könnte. Zum Beispiel ziehen kleine Kinder aus Neugier an Tischdecken. Steht dann eine heiße Kanne mit Tee darauf, kann es zu gefährlichen Verletzungen kommen. Machen Sie sich also durchaus Gedanken um die Teekanne. Helfen können Sie Ihrem Kind, indem Sie einen Pappbecher mit wenig kaltem Wasser auf die Tischdecke stellen. Wenn es zieht, wird es sich erschrecken und künftig vorsichtig sein. *Sorgen haben einen nützlichen Aspekt, wenn eine Handlung daraus entsteht, die Gefahren vermeiden hilft.*

Wenn Eltern sich Sorgen über den Straßenverkehr machen, werden sie ihrem Kind zeigen, daß man bei Grün meistens sicher über die Fußgängerampel kommt. Oder sie werden sich – gemeinsam mit anderen Menschen – für einen anderen sicheren Fußgängerübergang stark machen. Hier verwandelt sich Angst in liebevolle Zuwendung und Aktivität.

Aus Angst kann Liebe werden, wenn eine Tat daraus erfolgt, wenn eine kompetente Handlung das Problem lösen hilft.

Wenn ich Angst habe, daß mein Kind drogenabhängig wird, lebe ich ihm am sinnvollsten ein Leben ohne Drogen vor und stärke sein Selbstwertgefühl, wo ich nur kann. Indem ich es ermutige, ihm Gelegenheit gebe, etwas zu schaffen, es zu Aktivitäten anrege und seine Kreativität fördere.

Der selbstverwirklichte Mensch, schreibt Wayne W. Dyer in seinem Buch „Mut zum Glück", fühlt sich nur dann schuldig, wenn sein Gewissen ihm sagt, daß er etwas falsch gemacht hat. Er reagiert dann unverzüglich auf die Stimme des Gewissens und versucht, daß Geschehene wieder gutzumachen. Er manipuliert niemals andere durch Schuldgefühle und läßt auch nicht zu, daß andere dies mit ihm tun. Der selbstverwirklichte Mensch kümmert sich nicht darum, wer Schuld gehabt hat, sondern versucht vielmehr, bestehendes Unrecht zu beseitigen.

Liebe kennt keine Angst. Sie vertraut in Schutz und Führung.

Sie ist bedingungslos und nimmt alles an. Liebe fügt zusammen, was zerrissen und getrennt ist. Daher kann sie auch alles verwandeln.

Wahre Liebe ist wie Sonne, die den Angst- Schnee des Winters zum Schmelzen bringt. Liebe macht Hoffnung. Und „Hoffnung ersäuft Angst", wie Ernst Bloch sagte.

Was ist Hoffnung?

Vertrauen und Hoffnung bedingen sich gegenseitig. Hoffnung ist ein geistiges Prinzip, eine Einstellung, die man zum Leben hat. Ohne Hoffnung verfallen wir einer Lähmung, die uns früher oder später in die Sackgasse treibt. Hoffnung bedeutet, daß man seine kreativen Energien dafür einsetzt, seine Lebensqualität zu verbessern und Vertrauen in die Zukunft hat. Hoffnung ist das, was uns am Leben hält. Viktor Frankl und andere Menschen, die der Gefangenschaft und Folter ausgesetzt waren, haben dadurch überlebt, daß sie die Hoffnung nie aufgegeben haben. Hoffnung ist etwas, wozu man sich entschließen kann. Genau wie positives Denken. Man muß sich dafür entscheiden. Man trägt die Verantwortung dafür.

Wenn Sie Ihren Kindern keine Hoffnung geben, werden sie die Aufgabe des Wachsens und Erwachsenwerdens nicht erfüllen können. Wenn Ihre Kinder hoffnungsvoll aufwachsen sollen, müssen Sie Ihren Alltag auf negative Aspekte, Abwertungen und „Hoffnungskiller" überprüfen. Ist es unbedingt notwendig, daß kleine Kinder morgens die Schreckensnachrichten aus aller Welt hören? Müssen Sie vor Ihren Kindern über „hoffnungslose Fälle", Krankheiten, Naturkatastrophen und Lebensmittelvergiftungen reden? Lassen Sie Ihre Kinder die Tagesschau sehen?

Hoffnung haben wir, wenn wir im Herbst Zwiebeln in die Erde setzen, aus denen im Frühling Osterglocken werden. Hoffnung wecken wir, wenn wir uns freudig erregt fragen, ob der Weihnachtsmann wohl dieses Jahr Geschenke bringen wird und ob am Geburtstag die Sonne scheint?

Indem wir an das Gute glauben, bringen wir es in die Welt. Indem wir unseren Kindern Hoffnung vorleben, helfen wir ihnen, mit Zuversicht ihre Probleme zu lösen und ihren Lebensweg humorvoll und optimistisch zu meistern.

Blindes Vertrauen?
Verstand und Intuition gehören zusammen

„Blindes Vertrauen ist doch naiv", werden Sie vielleicht denken. Es ist genauso gefährlich wie blinder Gehorsam.

Ja, es wird immer wieder Menschen geben, die unser Vertrauen ausnutzen oder Gewinn daraus ziehen wollen. Das muß uns jedoch nicht ängstlich, sondern lediglich wachsam machen. Wir haben alle Verstand und dürfen ihn benutzen.

Wir haben das Recht, jede Sache zu prüfen und dann unser eigenes Urteil zu bilden. „Hilft es mir oder hilft es mir nicht?" ist eine Frage, die ich jedem empfehle. Man kann sie auf rein materielle Dinge wie Obst oder Gemüse, Schultypen, Ausbildungen oder Apparate anwenden. Sie ist aber auch in bezug auf Glaubensrichtungen und Gottvertrauen nützlich.

Ich kann zum Beispiel nicht wissen oder mit meinem Verstand erfahren, ob es eine Wiedergeburt nach dem Tod gibt. Ich empfinde jedoch den Glauben daran als sehr nützlich. Er hilft mir im täglichen Leben.

Ich kann nicht wissen oder verstandesmäßig erfassen, ob es Gott gibt. Mir ihn als alles durchdringende Kraft der Liebe vorzustellen, hilft mir im täglichen Leben und spornt mich an, liebevoll zu wirken.

Ich vertraue in alles, was mir nützt und dessen positives Wirken ich spüre und beobachte.

Allerdings können wir im Leben immer wieder auch in Situationen kommen, in denen blindes Vertrauen einfach notwendig ist.

Wenn Sie irgendwo einsam verunglücken, müssen Sie dem ersten Menschen, der Ihnen Hilfe anbietet, einfach vertrauen. Sie werden wohl kaum auf die Idee kommen, ihn zu fragen, ob er seine Lizenz dabei hat oder Referenzen vorweisen kann.

Auch unseren Kindern vertauen wir natürlicherweise blind. Erst wenn wir durch Ereignisse oder Aussagen mißtrauisch werden, schalten wir unseren Verstand ein und überprüfen die Angelegenheit.

Oft haben wir schon vor einem „Mißtrauensantrag" ein komisches Gefühl. Unsere Intuition sagt uns dann: Hier stimmt etwas nicht. Jetzt sollten wir unverzüglich unseren Verstand einschalten und dem Mißtrauen nachgehen. Es tut dann sowohl unserem Kind als auch uns selbst gut, die Sache möglichst schnell aufzudecken oder aufzuklären. Erst wenn alles auf „dem Tisch" ist, kann über Konsequenzen nachgedacht werden. Später können wir verzeihen und nach gemeinsamen Lösungen suchen. Hieraus kann sich neues Vertrauen entwickeln.

Gestern habe ich Loreen, meine 12jährige Pflegetochter, gefragt, ob sie nicht Lust hat, mit dem Fahrrad für mich einkaufen zu fahren. Der nächste Laden ist fünf Kilometer entfernt. Sie hatte Lust, und ich gab ihr mein letztes Geld, fünfunddreißig Mark und einen Einkaufszettel. Die Dinge, die wir unbedingt brauchten, zum Beispiel Brot, würden ungefähr 20 DM kosten, und den Rest könne sie behalten. Loreen kam nach zwei Stunden zurück und hatte kein Brot, wohl aber jede Menge Süßigkeiten für sich und unsere anderen Kinder.

„Wo ist denn das Brot?" „Das habe ich nicht gefunden. Ich bin zweimal durch den ganzen Supermarkt und nirgends habe ich Brot gefunden!" „Und warum hast du dann nicht eine Verkäuferin gefragt?" „Das war mir zu peinlich!"

Nun, wir sind an dem Tag ohne Brot ausgekommen. Aber so schnell schicke ich Loreen nicht wieder zum Einkaufen.

Eine lustige Übung zum Thema blindes Vertrauen führte Werner Bauer in seinem Manager- Seminar durch. Ich stelle sie mir auch für Eltern und Kinder amüsant und lehrreich vor. Allerdings müssen Sie bis zum nächsten Schnee damit warten.

Sie setzen sich zu zweit auf einen Schlitten auf eine gefahrenarme Rodelbahn. Der Vordermann bekommt die Augen verbunden, darf aber lenken. Der Hintermann darf sehen, aber nicht lenken. Jedes Pärchen, das so miteinander Schlitten fährt, hat den Unterschied von Vertrauen und blindem Vertrauen dann am eigenen Leib erlebt.

Wie Vertrauen entsteht und wie es verhindert wird

Auch psychoanalytisch geprägte Ansätze betrachten Vertrauen als Persönlichkeitsmerkmal. Die Fähigkeit zu vertrauen, ist unabdingbar für die Zufriedenheit einer Person. Wer nicht vertrauen kann, lebt in ständiger Angst. Daher ist es die wichtigste Aufgabe der Eltern, einem Kind vom ersten Lebenstag an Vertrauen zu geben. Erikson nennt dieses Vertrauen *Urvertrauen*. Fehlt Urvertrauen, verläuft die weitere Entwicklung problematisch. Vertrauen muß dann mühsam „nachgelernt" werden, wenn der Mensch nicht mit erheblichen Belastungen oder Einschränkungen leben möchte.

Ein erwünschtes und bejahtes Kind wird mit natürlicher Lebensfreude und dem Vertrauen, daß diese Welt ein guter Ort ist, geboren. Ein Baby kennt zunächst weder Ängste noch Zweifel. Es ist von purem Lebenswillen und unbändigem, grenzenlosem Vertrauen erfüllt. Es lebt ganz aus jener Kraft, die in China „Chi" und in Indien „Prana" genannt wird, jene gute Energie, die unsere Erde durchströmt und die aus kleinen Samenkörnern riesige Bäume oder phantastische Blumen wachsen läßt. Es gibt in Deutschland keinen ursprünglichen Ausdruck für diese Kraft, ich würde sie Liebesenergie oder göttliches Wirken nennen. Es ist eine Kraft, die vorhanden, aber nicht sichtbar, spürbar, aber nicht faßbar ist. Wir können uns für diese Kraft öffnen und auftanken, sie gezielt zu uns leiten und aus ihr schöpfen.

Indem Eltern die grundlegenden Bedürfnisse ihres Kindes liebevoll und zuverlässig erfüllen, entwickelt das kleine Kind Grundvertrauen.

Grundvertrauen entsteht, wenn wir unser Kind hochnehmen, wenn es schreit, es stillen, herumtragen, mit ihm reden, es im Arm wiegen und ihm vorsingen.

Grundvertrauen entwickelt sich jedoch auch bei den Eltern, wenn sie die Kompetenz ihres Babys anerkennen. Wer sein Kind genau beobachtet, wird erkennen, mit welchen Fähigkeiten es auf diese Welt kommt. Schon Neugeborene schauen uns aus einer tiefen Weisheit heraus an. Sie nehmen Kontakt mit uns auf und wollen uns immer wieder zeigen: Ich bin kooperationsbereit, auch wenn ich zur Zeit noch ganz auf euch angewiesen bin. Es ist, als wollte das Kind uns sagen: Habt Vertrauen zu mir – und alles wird gut!

Macht das Baby jedoch die Erfahrung der Vernachlässigung, der Unzuverlässigkeit und Ablehnung, wird sein Vertrauen zerstört. Es kann dann im späteren Leben auch dem Rat und den von seinen Eltern und Erziehern gesetzten Grenzen nicht trauen. Wenn ein Kind das Gefühl hat, daß seine Eltern ihm gleichgültig oder ablehnend gegenüberstehen, wird es bald starke Verhaltensauffälligkeiten zeigen. Wenn ein Kind keine Liebe erfährt, entwickelt es Ängste, Urängste. Aus den beiden Grundgefühlen Liebe und Angst leitet sich unser gesamtes Verhalten ab. Liebe führt zu Freude, Fürsorglichkeit und Vertrauen. Liebe macht weit und offen.

Angst führt zu Mißtrauen, Depression und Gewalt, Angst schnürt zu, engt ein, macht unruhig und blind. Spätestens in der Pubertät wird ein vernachlässigtes, abgelehntes Kind rebellisch und von Verzweiflung und Hoffnungslosigkeit befallen werden. Ein ungeliebtes Kind wird lange kein Selbstwertgefühl entwickeln können und Schwierigkeiten haben, sich in eine Gemeinschaft vertrauensvoll einzufügen. Wo kein Vertrauen ist, fällt der Griff nach Alkohol und Drogen leicht.

Wer über Grundvertrauen verfügt, ist optimistisch und glaubt an die Möglichkeit, Probleme lösen zu können. Obwohl jeder sehen kann, daß es auf der Welt Kriege, Umweltkatastrophen, Korruption, Heuchelei und Gewalt gibt, glauben Menschen mit Vertrauen an den Sinn des Lebens und die Berechtigung ihrer Existenz. Sie sind bereit, Aufgaben und Verantwortung zu übernehmen. Wo Vertrauen fehlt, herrscht Pessimismus, Ablehnung, Engstirnigkeit und Verneinung.

Menschen, die Schicksalsschläge erlitten haben oder denen Böses widerfahren ist, verlieren oft das Vertrauen und wenden sich in ihrer Angst genau von den Kräften ab, die ihnen helfen könnten.

Tatsächlich wirken gute Mächte immer und gerade in großen Krisen und in unserer Todesstunde, wie Dietrich Bonhoeffer in dem folgenden Gedicht kurz vor seiner Hinrichtung schrieb:

Von guten Mächten wunderbar geborgen,
Erwarten wir getrost, was kommen mag.
Gott ist mit uns am Abend und am Morgen.
Und ganz gewiß an jedem neuen Tag.

Wenn ein Kind alleingelassen wird, verzweifelt schreit und nicht gehört wird und immer wieder die Erfahrung macht, im Stich gelassen zu werden, verliert es Vertrauen. Es ist vielleicht wichtig zu betonen, daß es nicht die leiblichen Eltern sein müssen, die ein Kind Vertrauen lehren. Eine Bezugsperson, die das Kind annimmt und zuverlässig betreut, ihm Entfaltungsmöglichkeiten gibt und es gute, verläßliche Erfahrungen machen läßt, kann die Eltern ersetzen. Das erste Lächeln, das ein Baby jedem schenkt, der sich über es beugt, ist ein Zeichen dafür.

Im ersten Lebensjahr lernt das Kind hauptsächlich über den Körper und seine Sinne. Aus dem Bett gehoben werden bedeutet: „Ich liebe dich und bin für dich da!" In den Schlaf geschaukelt zu werden heißt: „Hab keine Angst, ich sorge für dich." Wenn das Baby mit den Händen die ersten Dinge berührt und in den Mund steckt, um sie kennenzulernen, braucht es unsere Unterstützung. Es möchte seine Sinne erproben, und wenn wir ihm neben der körperlichen Nahrung Spielzeug geben und ihm ermöglichen, Erfahrungen mit den Dingen der Welt zu machen, vertraut es uns. Es raschelt erfreut mit einem Stück Papier, es lutscht an einer Bernsteinkette oder befühlt einen kalten Spiegel. Es ist neugierig und glücklich, wenn es anfängt, die Welt zu begreifen. Es fühlt den Schutz, den die Eltern ihm geben und vertraut in ihre Führung.

Dann kommt das Krabbelalter, und unser Baby entfernt sich zum ersten Mal ganz bewußt von uns. Voller Vertrauen, daß es uns wiederfindet und wir da sind, wenn wir gebraucht werden, spürt es die Lust, sich bewegen zu können. Wir setzen ihm Grenzen und sagen „nein", wenn es gefährliche Dinge wie Waschpulver oder Steckdosen untersuchen will. Es

31

lernt zu vertrauen, daß wir nur das verbieten, was schädlich ist.

Wenn das Kind seine ersten Schritte macht und anfängt, seine Worte zu formen, ergeben sich wieder Gelegenheiten, sein Vertrauen zu stärken. Ein aufmunterndes Lächeln, ein „Bravo!", ein „Gut gemacht!" lassen Vertrauen wachsen. Das Kind macht die Erfahrung, daß es gesehen wird, daß wir seine Fortschritte unterstützen und begrüßen. Und wir vertrauen ihm. Wir wissen, auch wenn es noch oft umfällt und zunächst unsicher ist: Es wird laufen lernen. Ganz bestimmt. Wir vertrauen seinen Fähigkeiten. „Mama" und „Papa" sind wahrscheinlich seine ersten Worte. Und auch, wenn es nur Silben aneinanderreiht, wissen wir doch: Es wird sprechen lernen. Wir sprechen ihm vor und freuen uns, wenn es versucht, uns nachzuahmen. Wir vertrauen seinem Gehör, seinen Sprachwerkzeugen, seiner Beobachtungsgabe und seiner Nachahmungslust. Unser Vertrauen in die kindlichen Entwicklungsmöglichkeiten hilft dem Kind, weiterzukommen. Unser liebevolles Vertrauen in seine natürliche Intelligenz macht es noch intelligenter. *Vertrauen fördert Entwicklung und spornt zu Leistung an. Vertrauen schafft Freude.*

Erfährt das Kind Ablehnung, indem es nicht getragen, geschaukelt und ermutigt wird, verliert es seine natürliche Sicherheit und bekommt Ängste, die auf Dauer zu schweren Störungen führen. Wie schrecklich verkehrt muß sich ein Kind fühlen, das ständig gesagt bekommt: „Laß das!" „Tu dies nicht!" „Mach das nicht!" oder einfach in ein Laufgitter gestellt wird und alleingelassen.

Warum Rituale Vertrauen stärken

Rituale sind wiederkehrende Handlungen, die auf immer gleiche Art ausgeführt werden. Sie sind an bestimmte Orte, bestimmte Zeiten und bestimmte Symbole gebunden.

Wenn Jan seine fünf Monate alte Tochter jeden Morgen aus dem Bettchen hebt nach oben stemmt und sagt: „Guten Morgen, mein Hummelchen!" ist das ein kleines Ritual. Die kleine Nora lacht und strampelt dabei. Man sieht den beiden an, daß sie sich mögen, und Nora weiß, daß dieses kleine Ritual jeden Morgen geschieht. Das läßt ihr Vertrauen wachsen und gibt ihr ein Gefühl von Sicherheit und Geliebtwerden.

Ein sehr einfaches Vertrauensritual ist das Spiel: Wer kommt in meine Arme?

Sie kennen es sicherlich. Das kleine Kind, das gerade laufen gelernt hat, rennt in die ausgebreiteten Arme seines Vaters oder seiner Mutter und wird ein paar Mal im Kreis herumgewirbelt.

Ganz ähnlich ist es mit dem: „Komm, spring!" wenn unsere Kleine zum ersten Mal wagt, von einer Höhe in unsere Arme zu springen.

Später wird dieses Kind soviel Vertrauen in seine körperlichen Fähigkeiten haben, daß es sich zutraut, von verschiedenen Höhen allein herabzuspringen. In allen Büchern Astrid Lindgrens wird dieses kindliche Vertrauensritual als wichtiges Element der Kindheit beschrieben.

Wenn Lars, der beruflich sehr eingespannt ist, jeden Mittag nach Hause kommt, um gemeinsam mit seinen Kindern zu essen und sich ihre Schulerlebnisse anzuhören, ist das für die ganze Familie ein Geschenk. Aus Dankbarkeit wird eine Kerze angezündet. Es ist die einzige Stunde des Tages, die alle gemeinsam verbringen, und sie gibt den Kindern die Sicherheit, daß Papa sie liebt und wertschätzt, auch wenn er viel arbeiten muß.

Sie merken das auch daran, daß er ihre Bilder, die sie für ihn gemalt haben, in seinem Büro aufhängt. Ab und zu dürfen sie ihn dort besuchen.

Nina lebt mit ihren drei Kindern allein. Für sie ist der Sonntag der Familientag. Sie frühstücken dann alle im großen Bett und überlegen gemeinsam, was sie heute unternehmen wollen. Jede Stimme zählt – aber es muß immer eine Einigung erzielt werden.

Thessa hatte immer Streß mit ihrer Tochter. Es ging um unerledigte Aufträge und allgemeine Unzuverlässigkeit. Dann fand Thessa ein kleines silbernes Tablett auf dem Trödelmarkt. Nun schreibt sie für jeden Auftrag einen Zettel und überreicht ihn auf einem silbernen Tablett. Die Tochter gibt das Tablett zurück, wenn der Auftrag erledigt ist. Sie fühlt sich jetzt ernster genommen und wertgeschätzt.

Das ständige Gemecker ging ihr auf die Nerven, bis dieses Ritual gefunden wurde.

Werners haben ein ganz besonderes Ritual, das sie immer nach dem Abendessen durchführen. Wenn der Tisch abgeräumt ist, bleiben sie noch eine Weile sitzen und sagen sich gegenseitig, was ihnen am heutigen Tag gefallen hat.

Danach berichten sie sich, was sie bereuen oder nicht so gut fanden.

Zum Schluß fassen sie sich an und singen:
Guten Abend, gute Nacht
Von Englein bewacht
Die zeigen dir im Traum
Einen wunderschönen Baum
Morgen früh
Wenn Gott will
Wirst Du wieder geweckt
Morgen früh
Wenn Gott will
Wirst du wieder geweckt.

Die Petersens mögen nicht singen und essen auch nicht gemeinsam Abendbrot.
Bei ihnen steht aber schon seit Wochen das Siedler-Spiel auf einem Tisch, und es gehört einfach dazu, jeden Abend eine Runde zu spielen. Weil Nils noch zu klein dazu ist, spielt er gemeinsam mit Tina. „Bis jetzt ist uns das noch nicht langweilig geworden“, sagt Helen, die Mutter. „Aber wenn wir das mal über haben, denken wir uns was Neues aus.“

Kinder lieben Dinge, die sich auf gleiche Art wiederholen. Das gibt ihnen Sicherheit und Vertrauen. Ob es nun die Märchenstunde am Abend, das Singen von Schlafliedern am Bett, der Spaziergang am Sonntagmorgen, der Besuch der Großeltern am Nachmittag oder das gemeinsame Pizzabacken am Mittwoch ist: Es kommt nicht auf die Großartigkeit an, sondern auf das regelmäßige Tun, das allen Freude macht. *Rituale schaffen Vertrauen, indem sie sich so sicher wiederholen wie Mond und Sonne auf- und untergehen.*

Und wenn irgendwann einer keine Lust mehr hat, ein bestimmtes Ritual so mitzumachen?

Dann ist es an der Zeit, ein anderes Ritual zu erschaffen. Und gerade diese Änderung oder das Aufgeben einer bis dahin festen Regel zeigt, daß Kinder ernst genommen und in ihrer Entwicklung respektiert werden. Es ist nämlich normal, daß Kinder irgendwann keine Kniereiter-Verse wie Hoppe, hoppe Reiter mehr mögen und abends keine Gutenachtgeschichte mehr hören wollen, weil sie selber lesen können.

Vertrauen entsteht auch durch die gegenseitige Respektierung von Bedürfnissen.

Wenn es Eltern an Grundvertrauen fehlt, empfehle ich ihnen ebenfalls, sich heilsame Rituale zu schaffen. Dadurch wächst ihre Zuversicht – und das tut dann auch den Kindern gut.

Sie werden zum Beispiel weniger Angst haben, wenn Sie jeden Morgen zwanzig Minuten früher aufstehen und vor einer brennenden Kerze meditieren.

Sie werden sich besser fühlen, wenn Sie ein Gebet sprechen, den Sonnengruß üben oder um Schutz und Führung bitten.

Ich selber gehe jeden Morgen in den Wald hinter unserem Haus und meditiere dort an einem bestimmten Baum, den ich besonders liebe. Das gibt mir Kraft und Zuversicht für den Tag.

Im Wald kann ich beobachten, daß Leben niemals endet und daß kein heruntergefallenes Blatt umsonst gefallen ist. Aus dem Laub des Vorjahres kommen im Frühling die weißstrahlenden Anemonen hervor, die im Sommer schon nicht mehr zu sehen sind. Im Wald gibt es weder Fehler noch Mißerfolge. Alles ist ein vollkommenes Zusammenspiel von großer Schönheit.

Wenn Sie Angst haben, daß Ihre Partnerschaft nicht von Dauer sein könnte, tut es gut, sich ein Ritual zu schaffen, bei dem sie sich zusammensetzen oder spazieren gehen und gemeinsam von ihren Sorgen reden. Wenn jeder über seine ureigenen Gefühle und Ängste redet, kann sehr viel Nähe entstehen. Zum Beispiel könnten sie beschließen, jeden Freitag abends eine Stunde über Sorgen zu reden und anschließend etwas Schönes gemeinsam zu unternehmen. Sie können dann vom ängstlichen Klammern zu Liebe gelangen, die losläßt und frei gibt.

Auch ein Dankbarkeits-Ritual am Abend kann ihnen helfen, mehr Zuversicht zu erlangen. Sie könnten zum Beispiel ein Mandala malen oder legen, sich zurückerinnern, was sie an diesem Tag dankbar werden ließ und ein Gebet sprechen.
Sie könnten auch eine Liste anfertigen, auf der steht, für was sie heute dankbar sind. Ob sie hundert Dinge zusammenbekommen?
Sie könnten ein Räucherstäbchen anzünden und meditieren und dabei spüren, wie Ihre Sorgen zur Ruhe kommen.
Rituale können uns helfen, mit höheren Mächten in Kontakt zu treten. Menschen haben sich seit Jahrtausenden Rituale geschaffen, um ihre Angst loszuwerden.
Rituale schaffen einen Rahmen und helfen, die Tür zu öffnen zu jenen Kräften, die zwar nicht sichtbar, aber in der Stille spürbar sind.

Was ein Kind wünscht, ist nicht immer das, was es braucht

Petra ist berufstätig, und es macht ihr Spaß, nach der Arbeit einkaufen zu gehen.

Julian, ihr fünfjähriger Sohn, hat schon eine Menge Spielzeug, aber Petra bringt ihm gern etwas Neues mit. Besonders wenn Julian beim Einkauf dabei ist, mag sie ihm keinen Wunsch abschlagen.

Irgendwann fällt Petra auf, daß Julians Zimmer immer schwerer aufzuräumen ist und daß sie beide immer mehr Streß bekommen. Und Julian ist eigentlich nie zufrieden. Kaum hat er eine Sache bekommen, will er schon die nächste.

Deshalb verweigert Petra Julians Wunsch nach einem neuen Auto am nächsten Tag. Da fängt er an zu schreien und wirft sich auf den Boden. Petra wird unsicher.

Was soll sie jetzt tun?

Petras Situation ist ganz typisch, und wohl jeder hat sie schon ähnlich erlebt. Unsere Kinder wünschen sich eine ganze Menge, und wir können uns auch eine ganze Menge leisten. Wer Kinder achtsam beobachtet, wird aber auch bald feststellen, daß die Menge an Spielzeug nicht der Menge an Lebensfreude entspricht, die ein Kind spürt. Kinder sind oft ganz ohne Spielzeug total zufrieden und glücklich. Es geht ihnen gut, wenn sie andere Kinder zum Spielen haben, und sie erfinden im Nu eine Menge Spiele, lachen, rennen und freuen sich. Immer mehr Kindergärten fangen deshalb an, spielzeugfreie Tage einzuführen. Es macht Kinder zufrieden, wenn sie selber etwas ganz frei gestalten dürfen. Ein Tisch und eine Decke zum

Beispiel bieten die Möglichkeit zu wunderbaren ausdauernden Spielen.

Viele Erwachsene haben das Vertrauen in die Fähigkeiten ihrer Kinder verloren. Sie glauben, wenn das Kind sagt: „Mir ist langweilig", daß ihm wirklich nichts einfällt und sie sofort ein Programm starten müssen.

Sie schalten dann lieber den Fernseher ein, anstatt darauf zu vertrauen, daß ihm schon noch eine Idee kommen wird. Jedes Kind ist kreativ und jedes Kind hat Ideen. Manche Erwachsene haben Angst, ihr Kind könnte etwas versäumen, wenn es sich einfach nur langweilt. Sie meinen, es müsse ständig etwas tun, sich weiterbilden, spielen, angeregt werden.

Früher kannte man das Wort Muße noch. Wer Muße hat, also nichts tut, den küßt die Muse. Die Musen sind wunderbare Wesen, die Menschen in ihrer Schaffenskraft bestärken, die sie anregen, ihnen Ideen einflüstern und ihre Phantasie beflügeln. Erzählen Sie doch Ihrem Kind einmal von der Muse, die kommt und es leise küßt, wenn es sich das nächste Mal langweilt.

Hängen Sie ihm eine Hängematte hin, in der es schaukeln kann, bis es geküßt wird.

Aber wie soll sich Petra nun verhalten? Es wäre wohl ziemlich absurd, ihr im Kaufhaus zu raten, eine Geschichte von der Muse zu erzählen.

Vielleicht kann sie dem schreienden Lars versprechen, daß sie zu Hause eine Überraschung für ihn hat. Oder sie kann das Auto heute noch mal kaufen und ihm zu Hause in Ruhe erklären. „Du Lars, das war heute das letzte Auto, das ich dir gekauft habe. Ich habe beobachtet, daß du mit so vielen Autos gar nicht spielen kannst. Morgen werden wir zusammen eine Garage bauen."

Das könnte auch die versprochene Überraschung sein:

Petra zeigt Lars, wie aus einem Pappkarton eine Garage wird. Und sie zeigt ihm, wie die Autos hinein- und hinausfahren. Und sie erzählt ihm am Abend die Geschichte von der Muse, die Kinder küßt, die sich langweilen.

Oder die Geschichte von dem kleinen Hamster, der vor lauter Spielsachen nicht mehr wußte, womit er spielen sollte. Aber seine Mutter wußte Rat. Sie stellte einfach vier Kisten in den Vorrats- Schrank und gab dem kleinen Hamster eine Pappschachtel, eine Schere und einen Farbkasten. Der kleine Hamster schnitt Fenster hinein und eine Ausfahrt und malte die Garage blau an. Und am Abend war er ganz glücklich, daß er das allein geschafft hatte. Dann durfte sein rotes Auto in die Garage fahren und genau neben seinem Bett parken.

Jenny möchte nach dem Kindergarten unbedingt fernsehen. Für Jennys Mutter wäre es jetzt sehr bequem, den Fernseher einzuschalten und ihre Ruhe zu haben.

Sie weiß aber, daß Jenny ein wenig müde ist, deshalb schlägt sie ihr vor: „Komm Jenny, ich lese dir ein Buch vor. Möchtest du das von dem rosa Schweinchen hören oder den kleinen Raben?" Wahrscheinlich kommt Jenny jetzt gleich zu ihrer Mutter aufs Sofa. Und die beiden lesen und kuscheln ein wenig. Es kann aber auch sein, daß sie „Nein! Fernsehen!!!" brüllt. Wenn Jennys Mutter jetzt nachgibt und den Fernseher einschaltet, geht es morgen wieder genau so los. Kann sie Jenny aber überreden, ein Bild zu malen, auf den Spielplatz zu gehen oder einen Kuchen zu backen, lernt Jenny immer besser, sich selbst zu beschäftigen, und Jennys Mutter hat langfristig mehr davon. Jenny hat sich gewünscht, fernzusehen. Aber sie braucht das nicht. Ein Nachmittag ohne Fernsehen bekommt ihr viel besser. Und auch die Langeweile schadet nicht. Jenny braucht Ruhe und Erholung nach einem Vormittag im Kindergarten, und die bekommt sie durch eine stille Beschäftigung oder Nichtstun. Darauf können sie vertrauen.

Teenager wollen oft ganz bestimmte Sachen haben, weil alle sie haben und es „in" ist. Ich will nicht bestreiten, daß es manchmal sinnvoll sein kann, einem Kind zu helfen, Anerkennung in einer Clique zu finden, indem man ihm einen bestimmten Wunsch erfüllt. Letztendlich führt so ein Kauf jedoch nicht weiter. Wenn andere Kinder jemand ausschließen oder lächerlich machen wollen, finden sie immer einen Grund. Der beste Schutz dagegen ist ein starkes Selbstwertgefühl. Meine zwölfjährige Tochter schokkierte mich neulich mit der Mitteilung, daß sie von einigen Jungen ihrer Klasse „Biotonne" oder „Körnerfresser" genannt wird. „Das ist ja schrecklich!" entgegnete ich. Sie lachte nur und sagte: „Ich finde das lustig. Und Bente nennen sie ‚Flohmarkt', weil sie ihre Sachen immer auf Flohmärkten kauft." Da bin ich froh, daß Bente ihre beste Freundin ist. Und ich vertraue meiner Tochter, daß sie mit Problemen fertig wird und mich um Hilfe bittet, wenn sie die braucht.

Das Bekleidungsproblem haben wir in unserer Familie so gelöst, daß jedes Kind, wenn es das möchte, monatlich einen bestimmten Betrag an „Kleidergeld" bekommt. Dann können sie die Sachen, die sie tragen möchten, selber aussuchen, und wir vertrauen darauf, daß sie eine angemessene Wahl treffen. Unsere Söhne waren schon fünfzehn, als wir mit dem Kleidergeld anfingen. Unsere Tochter hat es mit zwölf verlangt, und ich bin sehr froh über diese Regelung, weil ich mir das Gejammer nach einer Schlaghose oder Plateauschuhen nicht mehr anhören muß und außerdem Zeit und Geld spare. Ich würde ihr nämlich lieber edle Naturtextilien kaufen als eine Plastikhose von. ... naja, Sie wissen schon, wie die Läden heißen. Ich vertraue darauf, daß Rosa einsieht, daß das, was man sich wünscht, nicht unbedingt das ist, was man braucht.

Was braucht ein Kind aber wirklich?
In einem Gedicht heißt es:

Ein Kind braucht seine Ruhe,
die Kleider und die Schuhe,
die Mahlzeit und den Raum,
Wiese, Luft und Baum.

Ein Kind braucht gute Schulen
und auch mal Schlamm zum Suhlen
und oft ein gutes Wort
und Freunde hier und dort.

Ein Kind braucht sehr viel Freunde
und gute Nachbarsleute,
Lust auf den nächsten Tag
und jemand, der es mag.

Irmela Brender

(aus: Kleinschmidt, Mascha/Kolbe, Margarethe(Hrsg.): Gefunden. Gedichte für die Grundschule, Diesterweg Verlag Frankfurt 1985 S. 43)

Etwas weniger poetisch habe ich es so zusammengefaßt:

Die sieben Wünsche der Kinder

1. *Ich wünsche mir, so angenommen zu werden, wie ich bin.*
Akzeptanz ist das, wonach sich jeder Mensch von Kindesbeinen an sehnt. Liebe und Anerkennung sind durch nichts zu ersetzen. Ich möchte als Person und Mensch akzeptiert und anerkannt werden, unabhängig von meiner Leistung, meinem Aussehen und meinem Geschlecht. Bedingungslos.

2. *Ich wünsche mir, in Frieden zu leben.*
Frieden bedeutet nicht nur die Abwesenheit von Krieg. Frieden bedeutet: sein lassen und Leben achten. Leben findet immer in Gegensätzen und in Gemeinschaft statt. Wenn wir erkennen, daß Gegensätze natürlich sind wie Tag und Nacht, können wir eine Streitkultur entwickeln, bei der Verzeihen und Versöhnen selbstverständlich dazugehören.
Für den Alltag heißt das: gemeinsame Regeln entwickeln und einhalten, faire Auseinandersetzungen einüben, Frieden mit der Natur vorleben, einander achten und akzeptieren.

3. *Ich wünsche mir, daß ich neugierig sein und die Welt entdecken und erforschen darf.*
Kinder sind von Natur aus neugierig und lernbereit. Es ist unsere Aufgabe, ihnen anregende Bedingungen zu verschaffen und ihre natürliche Neugier anzuregen und zu befriedigen. Wir tun das, indem wir unsere Kinder konkrete Erfahrungen machen lassen, ihre Experimentierfreude anregen und sie vieles selber herausfinden lassen. Wir schenken ihnen Vertrauen, indem wir zulassen, daß sie erproben und dabei auch Fehler machen dürfen. Den eigenen Fehler zu finden, macht sie stolz und zufrieden.

4. *Ich wünsche mir Sicherheit und Geborgenheit.*
Das heißt auch, ich wünsche mir, daß ich meinen Eltern vertrauen kann. Sie schaffen die sichere Basis, von der aus sich mein Lernen, mein innerer Reichtum und meine Entdeckungen entfalten. Für meine Sicherheit brauche ich als Kind Zuwendung, Zärtlichkeit und Orientierungshilfe in Form von Regeln und Absprachen.

5. *Ich wünsche mir Bewegungsfreiheit.*
Leben ist immer mit Bewegung verbunden. Es gibt keinen Stillstand! Kinder brauchen Raum und Freiheit, um ihre natürliche Bewegungslust ausleben zu können. Für den Alltag heißt das: lieber leere Räume als volle, Möglichkeiten der Erprobung körperlicher Geschicklichkeit, Gleichgewicht halten, klettern und balancieren.

6. *Ich wünsche mir Stille – und daß ich laut sein darf.*
Kinder können noch lauschen, wenn wir sie nicht mit Lärm überschütten. In die Stille zu gehen ist

ein Grundbedürfnis, das jedem Menschen hilft, Kraft zu schöpfen, sich neu zu orientieren, sich zu sammeln und Erfahrungen mit der Größe des Seins und des Kosmos zu machen. Stillsein ist natürlich und entsteht aus Liebe. Lärm und Unruhe entstehen meistens aus Angst. In der Stille können wir uns unserem inneren Reichtum nähern. Jede Kompetenz entsteht in der Stille unseres Selbst.

Sich zu artikulieren und lärmend mit der eigenen Stimme zu erproben ist ebenfalls ein kindliches Grundbedürfnis, das sich auf natürliche Weise mit Phasen der Ruhe und Stille ablöst.

Je weniger Kinder gehört und geachtet werden, desto lauter müssen sie sein.

7. *Ich wünsche mir, daß ich alle meine Sinne gebrauchen darf.*
Das Wecken der Sinne ist Bestandteil des Erdenlebens. Kinder brauchen Möglichkeiten, alle ihre Sinne zu erfahren und zu gebrauchen. In heutiger Zeit müssen Erwachsene die Bedingungen dafür oft künstlich herstellen. Natürliche Sinneserfahrung ist oft nur noch eingeschränkt möglich. Und die visuellen Sinne werden ständig überreizt. Deshalb müssen wir unseren Kindern Nahrung zum fühlen, riechen, schmecken, anfassen, lauschen und betrachten geben und Möglichkeiten schaffen, mit neuen Augen zu sehen.

Sinnesschulung und Sinnesgärten sind für Kinder und Erwachsene gleichermaßen wohltuend. Sie schaffen Vertrauen in unsere menschlichen Fähigkeiten.

Warum Strafen Vertrauen zerstören

Wenn kleine Kinder auf Entdeckungsreise gehen, müssen Eltern sie liebevoll begleiten und ihnen erklären, wo Gefahren lauern und auch, was verboten ist.

Wenn ein Baby anfängt zu krabbeln, lernt es schnell, was „Nein!" heißt. Wir benutzen dieses Wort, wenn es eine heiße Teekanne anfassen will oder der Katze am Schwanz zieht. Alle Eltern wissen meistens, was sie verbieten wollen. Wenn das Kind dann auch erfährt, was es erforschen darf, ist es zufrieden. Es macht die Erfahrung: Meine Eltern kümmern sich um mich. Sie erklären mir, was gefährlich ist, um mich vor Schaden zu schützen. Sie wollen auch, daß Dinge ganz bleiben. Und sie geben mir Dinge zum Spielen und erforschen.

Wird ein Kind durch heftiges Schimpfen, Liebesentzug oder gar Schläge bestraft, fühlt es sich schlecht. Es bemerkt die Ablehnung durch die Eltern, die es jedoch nicht auf sein Verhalten allein beziehen kann. Es fühlt sich als kleiner Mensch „irgendwie falsch" und kann nicht begreifen, daß lediglich sein Verhalten – nicht aber es selbst als Person – „falsch" war.

Elmar ist vierunddreißig, und er hat Karriere als Rechtsanwalt gemacht. Dennoch ist er voller Angst. Seine frühsten Erinnerungen gehen auf Bilder zurück, in denen ihn sein Vater mit einem Lederriemen brutal verprügelt. „Als Kind hatte ich das Gefühl, er könne mich totschlagen, und ich könne nichts dagegen tun." Bis heute hat Elmar das Gefühl, sich gegen Gefahr nicht wehren zu können, ihr hilflos ausgeliefert zu sein.

Eltern bestrafen Kinder, weil sie ihr Verhalten ändern wollen. *Bestrafung ist jedoch kein wirksames Mittel zur Verhaltensänderung.* Erinnern Sie sich an eigene Erfahrungen: Ich ändere mein Verhalten durch Einsicht, durch Erfahrung und Übung. Durch Bestrafung lasse ich mich nur vorrübergehend „einschüchtern".

Kirchlich erzogene Kinder wurden lange Zeit dafür gestraft, wenn sie Gefallen an ihrer Sexualität fanden und mit ihren Geschlechtsteilen spielten. Alle Strafen haben jedoch nichts gebracht. Im Gegenteil. Zum einen machte es die Sache besonders interessant und begehrt, zum anderen trieb das Verbot von etwas Natürlichem viele auf Abwege und in die Heimlichkeit. Heute setzt sich auch in Kirchen der Glaube durch, daß auch die Sexualität ein Geschenk Gottes ist, an dem wir uns freuen dürfen, auch ohne Trauschein und Kinderwunsch.

Alle Sexualstraftäter haben eine Kindheit voller Verbote, Strafen und Ängste hinter sich. Was lernen wir daraus?

Wenn Menschen es eines Tages schaffen, nicht mehr zu strafen und auszugrenzen, sondern den kleinen Menschen mit seiner Natur, seinem Charakter und seinem Sosein bedingungslos anzunehmen und ihm liebevoll und vertrauensvoll zu begegnen, werden sich viele Menschheitsprobleme lösen.

Eltern tragen hier eine große Verantwortung, die gleichzeitig viele Chancen eröffnet.

Was soll ich denn aber tun, wenn mein Kind etwas tut, was ich zu Recht verboten habe? Wenn es zum Beispiel meine Stereoanlage bedient oder in meinem Auto herumschaltet?

Einem kleinen Kind sagen wir: „Nein", weil es bestimmte Dinge noch nicht einsehen kann, zum Beispiel wie teuer eine Stereoanlage ist. Wir tragen es weg und verhindern, daß es dorthin kommt, wo die Anlage steht. Einem größeren Kind können wir entweder erklären und zeigen, wie die Anlage zu bedienen ist, oder es für entstandenen Schaden verantwortlich machen. Wenn zum Beispiel mein achtjähriger Sohn meine Stereoanlage falsch bedient, obwohl ich es ihm verboten habe, und sie geht kaputt, würde ich ihn mit seinem Taschengeld an der Reparatur beteiligen.

Kinder sind von Natur aus kooperationsbereit. Sie wollen uns nicht ärgern, sie wollen Erfahrungen sammeln und Regeln verstehen lernen, die in ihrer Welt herrschen.

Ein neun Monate altes Baby zum Beispiel hat sehr viel Freude daran, Gegenstände auf die Erde fallen zu lassen, wenn es in seinem Kinderstuhl sitzt. Es erfährt zum ersten Mal das Gesetz der Schwerkraft und ist fasziniert. Es gibt genügend Gegenstände, die es gefahrlos herunterwerfen darf. Eine Tasse aus Meißner Porzellan ist dafür nicht geeignet. Also geben wir ihm so eine Tasse nicht und erklären ihm, daß Porzellan leicht kaputt geht. Wir zeigen ihm unsere Enttäuschung, wenn doch einmal etwas entzwei geht, was eigentlich heil bleiben sollte, und das Kind versteht sehr schnell, was es darf und was nicht.

Umgekehrt kommt es uns auch entgegen. Sein glucksendes Lachen zum Beispiel lädt uns ein, Handlungen zu wiederholen. Es zeigt uns deutlich, was es mag und wie wir ihm Freude bereiten können. Es macht uns froh, unser Kind lachen zu sehen. Und so lernen wir voneinander. Im gegenseitigen Vertauen darauf, daß es sich lohnt.

Strafen zerstören Vertrauen, weil sie von oben herab verhängt werden. Sie werden diktiert und „aufgebrummt".

Vertrauen ist ein wechselseitiger Prozeß

Das Kind lernt, daß es sich auf seine Eltern verlassen kann. Umgekehrt vertrauen aber die Eltern auch dem Kind. Zum Beispiel daß es an Gewicht zunimmt, wächst und sich so entwickelt, wie es kleine Menschen nun einmal tun.

Es ist kein Geheimnis, daß wir alle sehr stark durch das Bild beeinflußt wurden, das unsere Eltern von uns hatten. Väter und Mütter geben ihre Ängste in der Regel an ihre Kinder weiter. Wenn unsere Eltern ein positives Bild von uns hatten, können wir uns positiv entwickeln. Wenn sie negativ denken und Schreckensbilder erschaffen, kann Vertrauen schwer gedeihen.

Der Umgang mit der Babywaage ist für mich immer ein gutes Beispiel dafür. Mein erstes Kind habe ich regelmäßig gewogen. Wie alle Babys nahm es nach der Geburt zunächst ab. Das machte mir Sorgen. Ich hatte auch noch kein Vertrauen in die Fähigkeit meiner Brüste, Milch zu bilden. Ständig hatte ich Angst, mein Sohn könnte nicht satt werden. Diese dauernde Verunsicherung und Angst muß auch meinen Sohn verunsichert haben. Er schrie viel. Ich war gestreßt und hatte dadurch weniger Milch. So kam ein unguter Kreislauf in Gang.

Bei meinen weiteren Kindern Jahre später habe ich keine Babywaage mehr benutzt. Weil ich wußte, wie gut sich mein inzwischen zweijähriger Sohn entwickelt hatte, konnte ich auf meine Fähigkeiten vertrauen, meine Kinder lange stillen und ihre Entwicklung in aller Ruhe genießen. Viele andere Mütter haben ähnliche Erfahrungen gemacht.

Diese ersten negativen Erfahrungen und Ängste würde ich Eltern gern ersparen. Ich möchte Ihnen sagen: *Bitte vertrauen Sie sich selbst und Ihrem Kind!* Es lohnt sich.

Kinder, die Vertrauen nicht erleben konnten und in die kein Vertauen gesetzt wurde, brauchen oft viele Jahre, um zu lernen, daß es doch Mächte gibt, denen wir vertrauen dürfen.

Wiebke erzählt: „Meine Großmutter hatte schon zwei Kinder, und sie wollte kein drittes. Sie wurde jedoch wieder schwanger und hatte zwei Totgeburten. Danach wurde sie noch einmal schwanger. Versuchte Abtreibungen klappten nicht. Meine Mutter wurde geboren. Sie war von Anfang an unerwünscht. Außerdem war Krieg. Meine Mutter lebte, aber sie war, so lange ich denken kann, voller Angst. Sie war völlig zugeschnürt vor Angst. Auch in mich hat sie nie Vertrauen gesetzt.

Das hat mein Leben sehr geprägt. Vertrauen fand immer außerhalb der Familie statt. Es war sehr schwierig für mich, meinen Schutzengel zu finden."

Heute hat Wiebke Vertrauen. Aber der Weg dorthin war ein langer Prozeß voller Zweifel und Mißtrauen.

Svea wurde als Kind regelmäßig von ihrem Vater verprügelt.

Mit sechs Jahren hatte sie einen Unfall. Sie war – ohne sich umzuschauen, über die Straße gelaufen – genau in ein Auto. Zum Glück waren ihre Verletzungen relativ leicht. Sie mußte „nur" zwei Wochen im Krankenhaus bleiben. Nach ihrer Entlassung war sie

wie „umgekrempelt". Aus einem lebhaften, strah-
lenden Kind war ein stilles, zurückhaltendes gewor-
den. Jetzt bekam sie noch mehr Prügel. „Vertrauen
hat nie jemand in mich gesetzt. Es hieß immer: ,Das
kannst du sowieso nicht.' Wenn ich heute in meinem
Leben etwas Schönes erlebe oder Erfolg habe, denke
ich immer gleich: Bestimmt passiert gleich ein Un-
glück! Und so kommt es dann auch meistens", er-
zählt mir Svea.

Kann es uns wundern, daß Sveas Tochter sehr oft
krank ist, obwohl die Ärzte keine körperliche Ursa-
che entdecken können? Mutter und Tochter haben
noch kein Vertrauen in sich selbst entwickeln kön-
nen. Zum ersten Mal in ihrem Leben sind sie jedoch
dabei zu erkennen, daß es hier einen Zusammen-
hang geben könnte, eine Angst und ein Mißtrauen,
das von Generation zu Generation weitergereicht
wird.

Vertrauen und Selbstwertgefühl

Die Fähigkeiten zu vertrauen und sich selber wertvoll
zu fühlen, sind eng verbunden wie Geschwister, ja,
wie Zwillinge. Selbstwertgefühl kann nur durch Vertrauen entstehen. Selbstwertgefühl ist wie Kalzium
für den Körper, schreibt Nathaniel Branden. Man
stirbt nicht gleich, wenn man es nicht hat, aber der
Körper wird in seiner Funktionsfähigkeit behindert.
Nach Branden ist Selbstwertgefühl ein Grundbedürfnis. Es beruht auf unserem Vertrauen in die Fähigkeit
zu denken und Probleme zu lösen. Es basiert auf der
Annahme, mit den Herausforderungen des Lebens
fertig zu werden. Selbstwertgefühl besteht in dem

Vertrauen auf unser Recht, erfolgreich und glücklich zu sein. Es besteht aus dem Vertrauen auf das Gefühl, es wert zu sein, es zu verdienen, daß wir unsere Wünsche realisieren, Bedürfnisse erfüllen und eigene Wertvorstellungen verwirklichen.

Je solider unser Selbstwertgefühl ist, desto besser sind wir gerüstet, mit Schwierigkeiten fertig zu werden, unseren inneren Reichtum zum Ausdruck zu bringen. Wir können anderen Menschen nur dann mit Respekt, Wohlwollen und gutem Willen begegnen, wenn wir uns selber wertvoll und geliebt fühlen. „Liebe deinen Nächsten *wie dich selbst*", hat Jesus gesagt. Wir können uns nur dann selber lieben, wenn wir als Kind geliebt wurden – oder später in einem langen Prozeß lernen, uns selbst anzunehmen.

Mangelndes Selbstwertgefühl, das kann jeder beobachten, führt zu Festhalten an Beziehungen, in denen es mir schlecht geht. Ein oft unbewußter Teil sagt dann: „Du hast es nicht anders verdient." Drogenkonsum, Gewalt, Depression und Selbstmord sind ebenfalls oft Folge von mangelndem Selbstwertgefühl und mangelndem Vertrauen, das eigene Leben gestalten zu können.

Ein Mensch, der sich geliebt, geachtet und aufgrund dessen wertvoll fühlt, hat kein Verlangen, anderen oder sich selbst Schaden zuzufügen. Er vertraut darauf, daß die Welt ein guter Ort ist und daß sich alle Probleme lösen lassen.

Daher lautet die zentrale Frage, die Eltern sich stellen müssen:

Wie kann ich meinem Kind ein gutes Selbstwertgefühl vermitteln?

In zahlreichen Untersuchungen haben Psychologen herausgefunden, daß es „Rezepte" für gutes

Selbstwertgefühl gibt. Es ist also kein Geheimnis, wie Selbstwertgefühl entsteht, und ich denke, daß jeder Laie es aus seinem eigenen Leben weiß. Tatsache ist jedoch auch, daß gutes Selbstwertgefühl „nachgelernt" werden kann und kein Mensch dazu verurteilt ist, die Schatten seiner Kindheit ein ganzes Leben mit sich herumzutragen. Gute Nachbarn, Freunde und Lehrer können das Selbstwertgefühl ebenfalls beeinflussen.

1. *Ein gutes Selbstwertgefühl entsteht durch das Gefühl, als Mensch angenommen und geliebt zu werden.*
Wie wird einem Kind dieses Gefühl vermittelt? Durch Körperkontakt, Zärtlichkeit, zuverlässige Versorgung, Schutz und Fürsorge. Ein Kind so annehmen, wie es ist, heißt, es mit seiner Natur, seinem Aussehen, seinem Geschlecht, seinem Temperament, seinen Interessen und Bestrebungen akzeptieren. Möglicherweise ist unser Kind ganz anders, als wir es uns vorgestellt oder gewünscht haben. Wir sind vielleicht sportlich, das Kind ist es nicht. Wir sind musikalisch, das Kind ist es nicht. Wenn wir die Unterschiede akzeptieren und respektieren, daß jedes Kind eine ganz eigenständige Persönlichkeit ist, kann Selbstwertgefühl wachsen.

Achims Vater ist ein bekannter Musiker. Sein Sohn sollte Geige lernen, was er nun wirklich nicht wollte. Einige Jahre lang wurde er gezwungen, dann gab der Vater auf. Achim war so anders, als er es sich vorgestellt hatte. Und das machte ihn wütend. Bis heute kann er seinen Sohn, der Handwerker wurde,

53

nicht akzeptieren. Er wird ständig kritisiert und fertig gemacht.

Ich lernte Achim in der Paartherapie kennen. Seine Frau beklagt sich, daß er ihre Kinder aus erster Ehe „ausmeckert" und unangemessene Forderungen stellt. Achim ist mit sich selber unzufrieden, weiß aber nicht, warum. Eine Reihe von Nebenbeziehungen haben ihm auch keine Befriedigung gebracht.

Helgas und Heiners Sohn wurde mit dem Down-Syndrom geboren. So ein Kind hatten sie sich nicht gewünscht. Eigentlich sollte Nils, der Erstgeborene, eine nette kleine Schwester bekommen. „Wir haben wochenlang geheult und uns immer wieder gefragt: Warum muß das gerade uns passieren? Aber der kleine Hannes hat uns geholfen, es anders zu sehen. Er war so ein friedliches, freudiges Kind. Jetzt haben wir endlich gelernt, Hannes anzunehmen, und inzwischen sind wir richtig verliebt in diesen kleinen, fröhlichen Menschen. Auch Nils ist ganz begeistert von seinem Bruder. Er ist anders als andere Kinder, klar, aber ist er deshalb weniger wert?"

2. Gutes Selbstwertgefühl wird durch das Gefühl, als Mensch geachtet und wahrgenommen zu werden, gefördert.

Wie können Eltern dieses Gefühl vermitteln? Achtung wird einem Kind dadurch vermittelt, daß man es mit dem gleichen Respekt und der gleichen Höflichkeit behandelt, mit der normalerweise andere Erwachsene behandelt werden. Wenn einem Erwachsenen ein Teller herunterfällt, sagen wir normalerweise: „Macht nichts. Scherben bringen Glück. Da sind Handfeger und Müllschippe."

Viele Kinder werden dagegen angeschrien: „Kannst du nicht aufpassen?"
Eltern, die mit ihren Kindern höflich und wohlwollend umgehen, werden bald erleben, daß diese sich ebenfalls höflich und wohlwollend verhalten.
Ein Kind wahrnehmen heißt, es beachten, seine Gefühle bemerken und es verstehen. Das Kind ist glücklich über seine ersten gelungenen Schritte – und wir stehen dabei und sagen: „Bravo, du kannst es!" Ein Kind hat den natürlichen Wunsch, wahrgenommen zu werden. Es braucht Rückkoppelung, um zu überleben. Ein Kind, das stolz auf sich ist, aber nicht beachtet wird, fühlt sich verkehrt. Es glaubt, das etwas mit ihm nicht stimmt. Wie würden Sie sich fühlen, wenn Sie einen Job nicht bekommen haben und Ihr Partner sagt: „Glaubst du etwa, du bekommst im Leben immer, was du willst?" Jemanden wahrnehmen meint, seine Gefühle erfassen. „Das muß eine große Enttäuschung für dich sein!" sagen Eltern, die das Selbstwertgefühl fördern.
Ein weiteres Beispiel: Ein Kind kommt freudig ins Haus gestürmt. Die Mutter lächelt und sagt: „Du bist aber glücklich heute!"
Und was fühlt ein Kind, das mit den Worten empfangen wird: „Mußt du immer so laut sein? Du bist schließlich nicht allein auf der Welt!"
Ein Kind wahrnehmen heißt auch nicht unbedingt, es zu loben. Wenn Sie Ihrem experimentierenden Jungen sagen: „Dir scheint Chemie wirklich Spaß zu machen!" ist das kein Lob. Aber das Kind fühlt sich wahrgenommen und verstanden. Das gilt auch für den umgekehrten Fall. Wenn Sara sich mit

dem Schreiben quäl, tut es ihr gut zu hören: „Diese Schreibarbeit ist ja die reinste Quälerei. Toll, daß du dich da durchbeißt. Möchtest du vielleicht etwas trinken?"

Hella wuchs mit vier Geschwistern in einer Kleinstadt auf. Ihre Eltern hatten ein Geschäft, das ihre ganze Zeit in Anspruch nahm. „Was immer ich auch tat", sagt Hella, „es wurde nicht beachtet. Nur wenn Gefahr bestand, daß die Nachbarn schlecht über uns reden könnten, wurden mir Strafen angedroht." Hella fühlt sich heute, als erwachsene Frau, noch immer von ihren Eltern abhängig. „Ich vernachlässige lieber mich selbst, als daß ich etwas tue, was meine Eltern nicht mögen. Mehr Beachtung erfahre ich dadurch jedoch auch nicht. Selbst als ich mein Examen bestanden habe, sagten sie nur: „So gehört sich das ja auch."

Ich bin 1950 geboren. Damals hatten Kinder keine Zeichenblöcke wie heute. Mit Papier wurde sehr sparsam umgegangen, besonders in einer so großen Familie wie meiner. Mein Vater hat jedoch alle Zeichnungen, die ich auf die Rückseite veralteter Entschuldigungszettel malte, sorgfältig aufbewahrt. Er guckte sich jedes Bild von mir an und ließ es sich erklären. Er behandelte unsere „Kunstwerke" wie Schätze und war sicher, daß aus uns etwas werden würde. Und so geschah es.

3. *Eltern stärken das Selbstwertgefühl ihrer Kinder, indem sie ihnen klare Orientierung geben und die Sicherheit, sich in einem gesteckten Rahmen frei bewegen zu dürfen.*

Wenn Eltern klare Regeln aufstellen, vertrauen sie damit auch dem Kind, daß es sie einhalten kann. Das Kind erfährt Sicherheit, indem es feststellt, daß die Eltern Gründe für ihre Verbote haben. Die Verbote ändern sich eine ganze Zeit nicht und sind begründet. Das Kind fühlt sich angenommen, weil es den Sinn der Verbote versteht und gleichzeitig Freiheit in vielen Entscheidungen erhält. Ein dreijähriges Kind kann schon zwischen einem gelben und einem roten Pullover wählen oder bestimmen, ob es Saft oder Milch trinken möchte, wenn beides im Haus ist. Wenn Eltern ihrem kleinen Kind vertrauen, vertraut das Kind auch ihnen. Es hat vielleicht mit der Blumenerde der Topfpflanzen gespielt und diese verschüttet. Wenn die Eltern ihm erklären, daß es draußen buddeln darf, diese Erde jedoch für die Pflanzen ist, versteht es das und wird danach handeln, weil seine Eltern keine unsinnigen Verbote erteilen. Handelt das Kind dann trotzdem bewußt gegen das Verbot, gräbt also wieder in der Blumentopferde, will es seine Eltern testen. Tragen sie es jetzt aus dem Zimmer oder hindern es durch Festhalten an der „Tat". Jetzt kann das Kind zwar wütend werden, wird aber letztendlich erleichtert feststellen, daß es Sicherheit und Geborgenheit erfährt, weil die Verbote klar und begründet sind. Es kann seinen Eltern vertrauen, weil sie es ernst meinen. Vielleicht wird es noch zwei oder dreimal versuchen, die Blumenerde zu verschütten, aber wenn sie immer wieder auf gleiche bestimmte Weise reagieren, wird es sich bald eine andere Beschäftigung suchen. Vertrauen Sie darauf!

„Meine Mutter war Alkoholikerin und mein Vater nicht da", erzählt Dieter. Deshalb konnte ich immer tun und lassen, was ich wollte. Mit hat niemand gesagt, wann ich ins Bett gehen und wann ich aufstehen sollte. Es war meiner Mutter egal, ob ich Hausaufgaben machte oder nicht. Und als ich von der Schule flog, öffnete sie nicht einmal den Brief, in dem das stand. Es ist *ein* furchtbares Gefühl, als Kind keine Orientierung zu bekommen. Ich hatte ständig Angst und wünschte, ich wäre nicht geboren."

Als Ronja Räubertochter das erste mal allein aus dem Haus gehen will, warnt ihr Vater sie vor allen Gefahren:
„Hüte dich vor den Wilddruden und den Graugnomen und den Borkaräubern", sagte er.
„Woher soll ich wissen, wer die Wilddruden und die Graugnomen und die Borkaräuber sind?" fragte Ronja.
„Das merkst du schon", antwortete Mattis.
„Na, dann", sagte Ronja.
„Und dann hüte dich davor, dich im Wald zu verirren", sagte Mattis.
„Was tu ich, wenn ich mich im Wald verirre?" fragte Ronja.
„Suchst dir den richtigen Pfad", antwortete Mattis.
„Na, dann", sagte Ronja.
„Und dann hütest du dich davor, in den Fluß zu plumpsen", sagte Mattis.
„Und was tu ich, wenn ich in den Fluß plumpse?" fragte Ronja.
„Schwimmst", sagte Mattis.
„Na, dann", sagte Ronja.
„Und dann hütest du dich davor, in den Höllenschlund zu fallen", sagte Mattis.

Er meinte den Abgrund, der die Mattisburg in zwei Hälften teilte.

„Und was tu ich, wenn ich in den Höllenschlund falle?" fragte Ronja.

„Dann tust du gar nichts mehr", antwortete Mattis und stieß ein Gebrüll aus, als säße ihm alles Übel der Welt in der Brust. „Na, dann", sagte Ronja, nachdem Mattis ausgebrüllt hatte. „Dann falle ich eben nicht in den Höllenschlund. Sonst noch was?" „O ja", sagte Mattis. „Aber das merkst du schon selber so allmählich. Geh jetzt!"

(Astrid Lindgren: Ronja Räubertochter, S. 17 f.)

4. *Eltern stärken das Selbstwertgefühl, wenn Sie hohe Maßstäbe und Erwartungen an das Verhalten des Kindes setzen.*

Indem Eltern viel erwarten, trauen sie dem Kind auch viel zu. Sie fördern seine besten Seiten und vertreten ihre Erwartungen respektvoll, wohlwollend und ohne jeden Druck. Auch darf Liebe niemals an Leistungen gebunden werden. „Ich erwarte von dir, daß du deine Hausaufgaben machst!" heißt es dann. Und wenn das nicht geschieht: „Es ist nicht in Ordnung, daß du deine Hausaufgaben noch nicht gemacht hast."

Das Selbstwertgefühl wird untergraben, wenn ein Kind hören muß: „Du bist faul und vergeßlich!"

Das Verhalten darf kritisiert werden – nicht aber der Mensch. Denn jeder Mensch ist unabhängig von seinem Verhalten wertvoll und liebenswert.

Wir erwarten von unseren Kindern, daß sie lernen, Kenntnisse erwerben und Fertigkeiten beherrschen und dabei zusehends reifer werden. Natürlich muß jede Leistung dem kindlichen Entwicklungsstand angepaßt sein: Ein dreijähriges Kind hat noch Schwierigkeiten, sich allein anzuziehen. Ein sechsjähriges kann das sicher. Kinder möchten auch wissen, was von ihnen erwartet wird. Von einem siebenjährigen Kind kann man zum Beispiel erwarten, daß es die Nacht in seinem eigenen Bett verbringt, von einem zweijährigen kann man das meiner Meinung nach nicht. Es kann seine Ängste noch nicht sprachlich ausdrücken, und wir können es noch nicht anleiten, diese zu überwinden. Ein zehnjähriges Kind kann die Uhr lesen. Entsprechend können wir auch von ihm erwarten, pünktlich zu einer Verabredung zu kommen. Von einem fünfjährigen Kind können wir das nicht verlangen.

Zu jeder Leistung gehören auch sogenannte Fehler und Niederlagen. Jeder „Fehler" sollte eigentlich gelobt werden, wie Reinhard Kahl es in seiner sehr sehenswerten Filmserie „Lob des Fehlers" deutlich macht (zu beziehen über den NDR, Rothenbaumchaussee 11, 20148 Hamburg). Fehler gehören zu jedem Lernprozeß dazu!

Ein Kind, das ausgeschimpft wird, weil es einen Fehler gemacht hat, oder das lächerlich gemacht, gedemütigt oder bestraft wird, hat nicht die Möglichkeit, sich selbst durchzukämpfen und zu lernen.

Peter will ein Vogelhaus bauen. Ungeduldig sagt sein Vater: „Komm, laß mich das machen. So ist es falsch!" Wieviel würde Peter lernen, wenn sein Vater sagte: „Das sieht doch schon recht gut aus. Den Nagel hier würde ich noch einmal herausziehen. Wenn du ihn von oben einschlägst, sitzt er fester."

Niederlagen sind Informationen, sie bringen uns

weiter, wenn wir kein Drama daraus machen, sondern nüchtern einschätzen, was wir verbessern müssen und um welchen Preis. „Was hast du daraus gelernt?" Und: „Was könntest du nächstes mal anders machen?" sind geeignete Fragen.

Manchen Eltern fällt es schwer, die „Niederlagen" ihrer Kinder zu verkraften. Aber das Gefühl „Du bist nicht gut genug!" das ehrgeizige Eltern Kindern leicht vermitteln, richtet ein Leben lang Schaden an. Oft ist es nur ein feines Minenspiel oder ein Schweigen, das einem Kind ein Gefühl gibt: „Was immer ich auch tue – es reicht nicht." Auf Dauer wird dieses Gefühl zu einer selbsterfüllenden Prophezeiung und beschwört Versagen herauf.

Wenn wir uns selber erlauben, Fehler zu machen, können wir auch unseren Kindern Fehler zugestehen. Wir können dann kreativer und glücklicher sein.

Kerstin erzählt:
„Ich mußte als Kind meine drei kleinen Geschwister großziehen. Ich war erst neun, und meine Eltern hatten einen Bauernhof. Wenn mein kleiner Bruder mal schrie oder der mittlere ein Loch in der Hose hatte, bekam ich die Schuld. Ich war nie gut genug und wurde immerzu ausgeschimpft. Bis heute strample ich mich ab, arbeite und arbeite, aber gut genug fühle ich mich nie."

„Mit zehn wollte unser Sohn unbedingt Trompete spielen", erzählt Jens. Er ging zum Pastor und ließ sich die Blasinstrumente zeigen. „Das will ich lernen", sagte er und klärte uns auf. „In Ordnung", sag-

61

ten wir. „Du kannst Trompetenunterricht bekommen. Aber wir erwarten, daß du regelmäßig übst." Für uns war klar, daß wir den Trompetenunterricht absagen würden, wenn Peter keine Lust mehr dazu hätte. Aber das traf nicht ein. Er wußte, was er wollte und gewann einen Wettbewerb nach dem anderen. Und Peter sagt: „Meine Eltern haben mir immer vertraut."

Zum Umgang mit Lob und Kritik

Das Feedback, das Kinder von ihren Eltern erhalten, kann ihr Vertrauen stärken oder schwächen. Lob wirkt sich keineswegs immer positiv aus. Unangemessenes Lob ist dem Selbstwertgefühl abträglich und schwächt das Vertrauen. Das Kind fühlt sich nicht richtig wahrgenommen, wenn wir zu einem hingeschmierten Strich sagen: „Das ist ja ein wunderschönes Bild!" Mit wertendem Lob sollten wir sparsam umgehen. Es kann ein Kind abhängig von unserem Wohlwollen machen und zu der Angst führen: Wie werde ich heute bewertet? Das Kind fühlt sich wie vor einem Richterstuhl und kann in Gnade oder Ungnade fallen.

Ein anerkennendes Lob für eine erbrachte Leistung tut dagegen jedem gut. Ein Kind fühlt sich in seinem Selbstwertgefühl bestärkt, wenn wir seine Handlungen und Leistungen beschreiben. Wenn wir dem vierjährigen Robert zu seinem Bild sagen: „Diese Sonne lacht aber freundlich!" wird er lächeln und uns vielleicht noch mehr über sein Bild verraten. Wenn wir Simon danken, daß er mit seinem kleinen Bruder gespielt hat und sagen: „Du bist sehr geduldig auf ihn eingegangen. Ich habe mich gefreut, wie umsichtig du mit ihm spielst" wird sein Selbstwertgefühl wachsen. Wenn Lea eine Geschichte geschrieben hat und wir sagen: „Erstaunlich, wie anschaulich du das Pferd beschrieben hast. Das hat dir bestimmt Spaß gemacht" wird sie sich wahrgenommen und stolz fühlen. Bei Kritik müssen wir darauf achten, weder Persönlichkeit noch Charakter des Kindes anzugreifen. Auch Managern und Personalchefs wird empfohlen, immer die Sache, nie jedoch die Person zu kritisieren. Auch für die Firma gilt: Anerkennung schafft Motivation!

Niemand *ist* faul, frech, gemein, langsam oder tolpatschig, sondern er *verhält sich* vielleicht so. Wenn wir das kindliche Selbstwertgefühl durch Kritik an seiner Person verletzen, erreichen wir nichts Positives. Nach dem Motto: „Wenn ich schlecht bin, verhalte ich mich auch schlecht" wird das unerwünschte Verhalten wiederholt.

Wir kommen hier zu dem Phänomen der *„selbsterfüllenden Prophezeiung"*, das jeder im Alltag beobachten kann. Ein Kind, das sich schlecht fühlt, denkt auch von sich schlecht und verhält sich dann schlecht. Wer von seinen Eltern häufig gesagt bekam: „Du bist ungeschickt" wird sich in Richtung Geschicklichkeit nicht mehr bemühen und das Vertrauen in seine Fähigkeiten auf diesem Gebiet verlieren. Wie glücklich ist jedoch ein Kind, das wir lächelnd und wohlwollend bei einer Arbeit beobachten, die Geschicklichkeit verlangt! Angeblich unmusikalische Kinder bleiben es auch, und Mädchen können nicht gut rechnen, wenn man ihnen sagt: „Mathe ist nichts für Mädchen. Die sind einfach zu blöd dazu."

Psychologen haben solche selbsterfüllenden Prophezeiungen auch „Glaubenssätze" genannt. Glaubenssätze, die wir oft unbewußt in uns tragen, prägen unser gesamtes Leben und Verhalten. Auch unsere Gesundheit ist zu einem großen Teil von inneren Überzeugungen oder eben unserem Glauben abhängig.

Die meisten dieser Glaubenssätze stammen aus unserer Kindheit, wenn wir nicht gelernt haben, sie als Erwachsene bewußt wahrzunehmen und zu ändern.

Machen Sie sich einmal die Mühe und schreiben alle Glaubenssätze, die Ihre Eltern Ihnen in bezug auf den Umgang mit Kindern mitgaben, auf.

„Was Hänschen nicht lernt, lernt Hans nimmer mehr", wäre zum Beispiel so ein Glaubenssatz. Oder: „Kleine Kinder soll man sehen, aber nicht hören", oder: „Jungen weinen nicht."

Vergleichen Sie diese dann mit denen, die Ihr Mann bzw. der Vater Ihrer Kinder aufgeschrieben hat. Welchen dieser Glaubenssätze stimmen Sie zu, welche lehnen Sie ab?

Vertrauen Eltern ihren Kindern und trauen ihnen im Prinzip alles zu, kann sich die kleine Persönlichkeit entfalten und entwickeln. Glaubenssätze dieser Eltern lauten dann: „Das kannst du mit etwas Geduld ganz schnell lernen." Oder: „Ich finde, du spielst sehr gut Flöte. Dieses Talent kannst du fördern." „Das wichtigste im Leben ist, daß du glücklich bist." „Jedes Problem läßt sich lösen." „Deine Gedanken schaffen Realität. Also denk was Schönes!"

Und: „Wenn du mal nicht weiter weißt, kannst du dir immer Hilfe holen."

Mein Vater hatte für solche Fälle den Spruch: „Fritzen fragen, Büchlein kaufen."

Also frage ich heute auch Fachleute, wenn ich nicht weiter weiß oder kaufe ein passendes Buch. Was für ein wunderbarer Vorgang, wenn ein Kind seine Stärken entdeckt. Und wie schön ist es, dem Prozeß beiwohnen zu dürfen und beobachten zu können, wie jedes Kind seine Neigungen und Fähigkeiten herausbildet und der Welt schenkt!

Und – nachdem ich selber vier Kinder habe groß werden sehen und den Entwicklungsprozeß vieler Kinder begleiten durfte, kann ich Ihnen versichern: *Jedes Kind bringt etwas mit, das eine Bereicherung für die Welt ist.*

Manchmal ist das, was sie mitbringen, nicht das, was wir erwartet haben. Das ist so wie mit einem Geschenk. Erst wenn wir es ent-wickeln, also auspacken, sehen wir, was darin ist und sind überrascht und erfreut.

In der Psychotherapie klagen viele Erwachsene darüber, das sie immer noch die Stimme ihres Vaters oder ihrer Mutter hören: „Du bist nichtsnutzig", „Du bist genau wie dein Großvater" oder: „Aus dir wird nie was!" Diese Erwachsenen führen oft einen lebenslangen Kampf gegen die verinnerlichten Meinungen ihrer Eltern. Sie möchten so gern anders sein als der verhaßte Großvater – und handeln dann doch genau so. *Weil das Selbstkonzept durch das Prinzip der selbsterfüllenden Prophezeiung oft zum Schicksal wird, müssen wir auf die Worte achten, die wir unseren Kindern auf ihrem Weg mitgeben. Indem wir ihnen zutrauen, ihren eigenen, einzigartigen Weg zu finden, können sie auch ihre eigenen einzigartigen Fähigkeiten entfalten.*

II. Elternängste – und was man dagegen tun kann

Wenn Eltern ihr erstes Kind erwarten, sind vorübergehende Ängste ganz normal. Schließlich sind Schwangerschaft und Geburt völlig neue Erfahrungen. Jede Frau fürchtet zum Beispiel irgendwann in der Schwangerschaft, das Kind könne behindert sein oder sie selbst könne bei der Geburt sterben. Angst ist zunächst ein natürliches Gefühl, das uns signalisiert: „Sei auf der Hut, sei wachsam!" Und vor allem: „Suche nach einer Lösung!"

Wir können unserer Angst dankbar sein, denn sie mahnt uns zu Achtsamkeit.

Achtsamkeit hilft uns im Leben immer weiter. Hätten wir keine Angst, würden wir wahrscheinlich gleichgültig und nachlässig im Umgang mit unserem Körper und unserem Kind. Sind wir dagegen achtsam, werden wir wach und aufmerksam für die Bedürfnisse und Gefühle von uns selbst und die des Kindes und handeln auf natürliche Weise richtig. Wenn Angst ein Impuls zur Achtsamkeit und Kompetenzerweiterung ist und sich nach und nach in Vertrauen wandelt, sind wir auf dem richtigen Weg.

Als ich zum Beispiel Angst hatte, mein Kind könne behindert sein, malte ich mir detailliert aus, wie das Leben mit einem behinderten Kind wäre. Ich las auch Bücher, in denen Behinderte ihr Leben beschrieben, wie z. B. das von Christy Brown. Beides machte mich zuversichtlich. Ich dachte mir: Ein behindertes Kind ist eine besondere Herausforderung. Ich würde dadurch sehr viel lernen. Und ich verlor meine Angst. So wurde aus der Angst Kompetenz und Liebe, denn als ich mein erstes Kind sah, wußte ich genau: Ich werde dich immer lieben, unabhängig davon, wie du ausgestattet bist.

Wenn die Angst zum täglichen Begleiter wird, der uns quält und blind macht, der uns zuschnürt statt öffnet, wird es Zeit, uns mit ihr offensiv auseinanderzusetzen.

Eine nützliche Übung für diesen Fall ist, sich die Angst als Person oder Wesen vorzustellen und direkt mit ihr zu kommunizieren. Wir setzen uns mit unserer Angst zusammen, sehen ihr ins Gesicht, anstatt davonzulaufen. Wir fragen: „Angst, was willst du mir sagen? Worauf willst du mich hinweisen? Oder was verschließt du vor mir?

Indem wir anfangen, uns mit unserer Angst zu unterhalten wie mit einer Freundin, werden wir erstaunliche Antworten erhalten. Außerdem werden Sie bald eine wichtige Erfahrung machen: Sie können Ihre Ängste aushalten. Sie können sie durchleben – und es passiert nichts Schlimmes.

„Ich habe Angst – und handle trotzdem" ist ein sinnvoller Satz, mit dem Sie Ihre Angst überlisten. Je eher Sie nämlich in die Handlung kommen, desto eher werden Sie Ihre Ängste los.

Wenn Sie Angst haben, Ihr Kind wird von Muttermilch nicht satt: Beobachten Sie es. Ist es zufrieden, müssen Sie sich keine Sorgen machen. Schreit es und will wieder trinken, stillen sie es erneut. Dadurch wird die Milchbildung angeregt. Außerdem können Sie mit Ihrer Hebamme reden, sich einer Stillgruppe anschließen und Milchbildungstee kaufen. Er wirkt Wunder.

Wenn Ihnen der Arzt gesagt hat, Ihr Kind hätte ein Loch im Herzen, das beobachtet werden müsse: Tun Sie etwas! Reden Sie mit anderen Eltern, besorgen Sie sich Bücher, befragen Sie weitere Experten, gründen Sie eine Selbsthilfegruppe, oder beobachten ganz einfach Ihr Kind und stellen fest: Es geht ihm gut.

Wenn Ihre Tochter den angestrebten Schulabschluß nicht schafft, besorgen Sie sich Beratungstermine beim Arbeitsamt, in anderen Schulen, bei anderen Eltern, Lehrern und Schulleitern. Studieren Sie Bücher und Zeitschriften über berufliche Werdegänge, befragen Sie Betriebe, erkundigen Sie sich nach Praktikumsplätzen. Indem Sie aktiv werden und sich nach Zukunftsperspektiven für Ihre Tochter umschauen, wird Ihre Angst schrumpfen wie Schnee an der Sonne, und Sie werden dazu noch eine Menge lernen. Sie werden feststellen, daß viele Wege nach Rom führen und daß Ihr Vertrauen zunimmt.

Wenn wir mit unserer Angst allein im stillen Kämmerlein sitzen und vor uns hinzittern, ändert sich nichts. Angst kommt von Enge. *Also heraus aus der Kammer und hinein in die weite Welt!* Zu anderen Menschen, die Rat wissen, in Bibliotheken, in denen Erfahrung und Wissen gestapelt ist, und in die Natur, aus der wir immer lernen und Kraft schöpfen können.

Den inneren Dialog beachten

Wir reden alle von morgens bis abends mit uns selbst. Meistens merken wir das gar nicht. Ängstliche Menschen tun jedoch gut daran, den inneren

Dialog einmal zu überprüfen. Wie reden Sie mit sich selbst? Fangen Sie schon morgens an, sich zu kritisieren, wenn Sie in den Spiegel des Badezimmers schauen? Beschimpfen Sie sich, wenn Sie sich auf die Waage stellen oder nicht schnell genug aus dem Bett springen? Machen Sie sich fertig, wenn Sie in Zeitdruck geraten oder Ihr Kaffee umkippt? Wie die meisten Menschen werden Sie in Ihrem Kopf einen inneren Kritiker finden, einen Antreiber und einen Miesmacher. Nun – vielleicht ist das gar nicht so verkehrt, sich morgens zum Aufstehen zu ermahnen und das Trödeln zu kritisieren. Wenn aber die zuversichtlichen Stimmen in Ihrem Kopf zu kurz kommen, herrscht ein Ungleichgewicht, ja, vielleicht sogar Diktatur. Und vielleicht gibt es da sogar Einflüsterer, die Ihnen tagtäglich Angst machen: „Paß, auf, daß du nicht die Treppe runterfällst!" „Wahrscheinlich hat er dich wieder belogen!" „Immer läßt du dich ausnutzen!" „Wieder hat er dich übers Ohr gehauen." Und es wäre nicht besonders verwunderlich, wenn diese Stimmen Sie an das erinnerten, was Ihre Eltern gern zu Ihnen sagten. Damals waren Sie noch ein Kind. Ängstliche Eltern haben oft ängstliche Kinder.

Wenn Sie Ihre Ängste loswerden wollen, müssen Sie sich diesen Stimmen zuwenden. Sagen Sie ihnen: „Danke für die Warnung. Aber ich kann auf mich aufpassen", oder: „Immer mit der Ruhe. Ich schaffe das schon", oder: „Eins nach dem anderen. Ich bleibe ruhig und gelassen." Oder: „Auch heute darf ich Fehler machen. Ich lerne daraus", und: „Ich bin jetzt erwachsen und kann für mich sorgen", oder: „Mein Schutzengel begleitet mich heute und an jedem Tag."

Von Erich Kästner soll der Satz stammen:
Auch aus Steinen, die einem in den Weg gelegt werden, kann man etwas Schönes bauen.
Wenn es Ihnen schwer fällt, diese Sätze zu sagen, fertigen Sie sich eine Liste mit positiven, fürsorglichen und vertauensvollen Sätzen an. Geben Sie sich viel Mühe, die Aussagen so zu formulieren, daß sie Ihnen wirklich gut tun. Schreiben Sie die Sätze auf farbige Zettel, und hängen Sie diese an Stellen auf, die Sie täglich beachten. An die Kühlschranktür zum Beispiel oder an den Spiegel im Bad. Suchen Sie sich zu jeder positiven Aussage eine schöne, farbige, dazu passende Postkarte, die den Inhalt unterstreicht, und hängen Sie diese ebenfalls auf. Sammeln Sie auf Spaziergängen Symbole für Vertrauen, Kraft und Zuversicht, und legen Sie diese auf einen besonderen Tisch, auf ein Fensterbrett oder auf Ihren Nachtisch. Dekorieren Sie sich eine besondere Vertrauensecke, einen Ort der Kraft, an den Sie möglichst oft gehen können und wo Sie immer wieder auftanken können.

Dialog mit meiner Angst

 Die folgende Übung sollten Sie unbedingt ausprobieren, weil sie sehr effektiv ist. Sie benötigen dafür ungefähr eine Stunde ungestörter Zeit, einen Block oder ein Spiralbuch DIN A 4 und ein gutes Schreibgerät, zum Beispiel einen Füller.
Legen Sie den Block zunächst vor sich in Reichweite und nehmen Sie eine entspannte Haltung ein. Setzen Sie sich so hin, daß beide Fußsohlen den Boden berühren oder,

wenn das bequemer ist, in den Schneider-
oder Yoga-Sitz.
Beginnen Sie, auf Ihren Atem zu achten und
beobachten Sie eine Weile, wie der Atem
kommt und geht, ganz von allein ...
Stellen Sie dann Ihrer Angst eine Frage und
schreiben Sie diese auf. Schreiben Sie weiter,
ohne nachzudenken. Lassen Sie sich überraschen, welche Antworten Ihre Angst für Sie
bereit hat. Es entsteht ein Dialog mit Ihrer
Angst, der Ihnen in jedem Fall neue Erkenntnisse vermitteln wird.
Wichtig ist, daß Sie ganz automatisch schreiben, was Ihnen gerade in den Sinn kommt,
und nicht überlegen.
Erst wenn Sie den Dialog – vielleicht mit einem Kompromiß? – beendet haben, lesen Sie
sich in Ruhe alles durch und prüfen, was Ihr
Verstand dazu sagt.

Entspannung

 Angst ist immer mit Anspannung verbunden. Jede Art der Entspannung hilft uns daher in angsterfüllten Situationen. Wenn Sie
sich Sorgen um ihre Tochter machen, ist es
sinnvoll, tief durchzuatmen, Yogaübungen
zu machen oder zu tanzen. Alle körperlichen
Betätigungen, die uns helfen, lustvoll zu entspannen – zum Beispiel auch Gartenarbeit –,
sind bei Angst sinnvoll. Entspannung hilft,
Hoffnung und Vertrauen zu schöpfen. Gelassenheit wiederzuerlangen.

71

Kompetenzerweiterung und Aufklärung

 Angst hat auch oft mit Ungewißheit zu tun. Was soll aus dem Jungen werden, wenn er den Realschulabschluß nicht schafft? Wie geht man mit Neurodermitis um? Was muß ein herzkrankes Kind vermeiden? Wie verhalte ich mich, wenn mein Kind Drogen nimmt? Wie wird mein Kind die Trennung überleben?

Indem wir anfangen, uns kompetent zu machen, Informationen einholen, mit Freunden reden, Ratgeber studieren und befragen, Experten zu Rate ziehen und der Ungewißheit ein Ende setzen, können wir Angst überwinden und neues Vertrauen erwerben.

Gelassenheit wiederfinden

 Wenn wir Angst haben, konzentriert sich alles auf ein Problem. Es ist sozusagen eine Problemhypnose. Wenn wir unsere Angst überwinden wollen, müssen wir den Blick erweitern. Gelassen werden wir, wenn wir unserer Kreativität freien Lauf lassen, malen, schreiben, musizieren, singen, töpfern, basteln, erfinden ... Wir werden gelassen, wenn unsere Phantasie Lösungen erfindet, Träume auf den Weg bringt und Wünsche ins Universum sendet. Wir werden gelassen, wenn wir unsere Ängste loslassen und trotz allem dem Leben vertrauen. Wenn wir von der Problemhypnose zur Lösungstrance kommen, den Blickwinkel erweitern und feststellen, was es außer Angst im Leben sonst noch alles gibt: Freude, Begeisterung, Interesse, Vertrauen, Hoffnung, Liebe.

Altar für die Liebe

 Liebe ist das Gegenteil von Angst. Liebe fördert Vertrauen und Zuversicht. Wenn Sie der Liebe in Ihrem Zuhause einen kleinen Altar bauen oder ihr irgendwo in der Wohnung einen Platz einräumen, können Sie diese Tatsache so schnell nicht wieder vergessen. Wählen Sie ein Tuch aus, dessen Farbe für Sie Liebe symbolisiert. Vielleicht haben Sie eine Postkarte mit einem Bild, das Liebe darstellt. In der Natur finden Sie Gegenstände, die ein Symbol der Liebe sein können. Für mich gehören Pflanzen und Steine unbedingt dazu.

Gestalten Sie einen Platz für die Liebe – und schöpfen Sie dort täglich neue Kraft.

III. Vertrauen in verschiedenen Lebensphasen

Entwickelt sich mein Kind richtig?

Manchmal geben uns Kinder zu Sorgen Anlaß, wenn sie sich verzögert entwickeln oder einfach langsamer sind als andere Kinder. Weil Eltern in der Regel nur ihre eigenen Kinder genauer beobachten können, ist es immer hilfreich, Experten, die viele hundert Kinder gesehen und beobachtet haben, um Rat zu fragen. Fragen Sie also Ihre Hebamme, Ihren Kinderarzt oder sonst jemand, ob Ihr Kind sich normal entwickelt. Geben Sie nicht eher auf, als bis sie eine zufriedenstellende Antwort erhalten haben.

Manche Kinderärzte sind übervorsichtig und wollen Eltern vorbereiten, indem sie sagen: „Das müssen wir genau beobachten. Möglicherweise liegt eine Behinderung vor." Mit solchen Bemerkungen können Eltern verunsichert und verängstigt werden. Andere Ärzte sind ungenau in ihren Untersuchungen und übersehen z. B. eine Wahrnehmungsstörung oder andere geringfügige „Normabweichungen". Was immer geschieht – haben Sie Vertrauen. Entwicklungsverzögerungen lassen sich oft mit wenigen gezielten Übungen nachholen, und minimale Dysfunktionen, die heute so gern diagnostiziert werden, sind nur so beeinträchtigend, wie Eltern sie erleben.

Im folgenden Fall handelt es sich nicht um eine geringe Dysfunktion, sondern um eine nicht erkannte Kinderlähmung.

Die Mutter von Christy Brown hatte keine Mühe zu erkennen, daß ihr Sohn nicht normal war. Daß die Ärzte ihn jedoch zu einem hoffnungslosen Fall und für schwachsinnig erklärten, konnte sie nicht akzeptieren. Christy Brown schreibt: „Die Ärzte waren sich ihrer Sache so sicher, daß der Glaube meiner Mutter an mich beinahe wie eine Frechheit wirkte. Sie bedeuteten ihr, daß nichts für mich getan werden könne. Sie weigerte sich, diese Wahrheit hinzunehmen, die – wie es damals schien – unabänderliche Wahrheit, daß es für mich keine Heilung, keine Rettung, nicht einmal Hoffnung gab. Sie konnte und wollte nicht glauben, daß ich, wie die Ärzte ihr sagten, geistesschwach sei" (Brown, S. 13).

Als Christys Mutter erkannte, daß die Ärzte ihr nicht helfen konnten, beschloß sie, die „Zügel selbst in die Hand" zu nehmen, wie sie es nannte. Sie behandelte Christy wie ihre anderen Kinder, was bedeutete, immer an seiner Seite zu stehen, ihm immer zu helfen, wo immer sie konnte. „Mutter gab sich nicht damit zufrieden, bloß zu sagen, ich sei kein Idiot, sie wollte es beweisen, nicht aus eisernem Pflichtgefühl heraus, sondern aus Liebe. Und das ist der Grund, warum ihr Verhalten von Erfolg gekrönt wurde" (a. a. O. S. 14).

Christy Brown schrieb später sein Leben auf. Seine Geschichte wurde auch verfilmt und 1989 mit zwei Oskars ausgezeichnet.

Wenn du eine Sache nicht ändern kannst, ändere deine Gefühle für sie

Heikes Tochter ist von Geburt an behindert. Niemand weiß genau warum. Niemand weiß genau wie stark. Als sie fünf ist, macht Heike sich Gedanken über die Schule. „Ich habe mich monatelang dafür eingesetzt, sie in eine Integrationsschule zu bekommen. Ich wollte, daß sie mit normalen Kindern zusammen ist. Nun bin ich umgezogen, und hier gibt es so eine Schule nicht. Ich mußte mich damit abfinden, daß meine Tochter auf die Schule für geistig Behinderte geht. Und ich mußte akzeptieren, daß es ihr dort gut geht."

Schicksalsschläge lassen sich im Leben nicht vermeiden. Sie können einen vorübergehend aus der Bahn werfen – aber sie müssen uns nicht umhauen.

Heike hat akzeptiert, daß ihre Tochter nicht der Norm entspricht. Sie fördert sie, wo es nur geht, aber sie weiß, daß sie nie einen normalen Schulabschluß machen wird. Seit Heike gelernt hat, es als unabänderliche Tatsache hinzunehmen, daß sie eine behinderte Tochter hat, geht es ihr wieder gut. „Ich nehme die Dinge, wie sie sind. Und ich freue mich über jeden kleinen Fortschritt, über jedes Lachen!"

Der Sorgenbaum

Wenn die Chassidim untereinander wetteiferten, wer von ihnen am meisten vom Leid geplagt sei und daher das größte Anrecht habe, sich zu beklagen, dann erzählte der Zaddik ihnen die Geschichte vom Sorgenbaum:

Am Tag des Jüngsten Gerichts darf jeder all seinen Kummer an einen Ast des großen Sorgenbaums hängen. Wenn jeder einen Zweig gefunden hat, an dem sein ganzer Jammer baumeln kann, beginnen sie, langsam um den Baum herumzugehen. Jeder darf sich das Bündel Sorgen aussuchen, das er seinem eigenen vorziehen würde. Am Ende nimmt sich jeder lieber das eigene Bündel vom Baum, als das eines anderen zu tragen, und jeder geht weiser, als er kam.

(Copyright Verlag am Eschbach, Am alten Rathaus 79427 Eschbach)

 Mein Tip: Warten Sie nicht bis zum Jüngsten Gericht. Nehmen Sie ein Blatt Papier und schreiben Sie all Ihre Sorgen darauf. Unternehmen Sie dann einen Spaziergang in die Natur, und wählen Sie Ihren Sorgenbaum. Hängen Sie Ihre Sorgen hinein und vertrauen Sie auf Hilfe. Beten Sie. Der Baum nimmt Ihren Kummer gern an. Und Sie werden erstaunliche Erfahrungen machen.

Dankbarkeit

Indem wir Dankbarkeit empfinden, ändern sich unsere Ängste auf wunderbare Weise. „Dankbarkeit ist die Wachsamkeit der Seele gegen die Kräfte der Zerstörung", heißt es in einem Spruch. Das ist sehr wahr. Angst kann zu einer zerstörerischen Kraft werden, wenn sie übermächtig wird und uns bestimmt. Indem wir uns auf unseren Reichtum und das besinnen, wofür wir dankbar sein können, verschwindet unsere Angst.

Nehmen Sie sich Ihr Tagebuch oder ein Blatt Papier und fertigen Sie eine Liste an:
Hundert Dinge, für die ich dankbar bin.

 Lohnend ist auch, sich ein schönes Buch anzulegen, das die Überschrift trägt: *Buch der Wunder.* Wenn Sie täglich auf die kleinen Wunder am Wegesrand achten, werden Sie immer größere Wunder erleben. Notieren Sie alle Wunder in Ihrem Leben mit Datum. Ich bin selber überrascht, wieviele Wunder ich schon erlebt habe – und wenn ich dieses Wunderbuch nicht hätte, würde ich sie wahrscheinlich viel zu schnell vergessen.
Etwas wird sich in Ihrem Leben ändern, wenn Sie anfangen, dankbar zu sein.

Vertrauen in kindliche Fähigkeiten

Es tut schon ganz kleinen Kindern gut, wenn wir ihren Fähigkeiten vertrauen. Wenn unser Baby anfängt, den Kopf aus der Bauchlage heraus zu heben und wir legen uns bäuchlings vor es und lachen ihm zu, freut es sich. Wir vertrauen seinen Fähigkeiten und das Baby spürt unseren Stolz und unsere Anteilnahme.

Wenn wir uns mit einem sieben Monate alten Baby auf eine Decke legen und beobachten, wie es anfängt, sich hochzustemmen und vielleicht mit dem Krabbeln beginnt, ganz wacklig und unsicher noch, und wir sagen: „Ja, du schaffst es!" und lachen es an, spürt man seine Freude und seinen eigenen Stolz.

Das Baby vertraut seinem Körper – und wir vertrauen ihm.

Es gibt freudige Laute von sich oder spricht uns voller Ernst einfache Silben nach. Wir vertrauen seinen Fähigkeiten und spornen es an.

Von taubstummen Eltern wissen wir, daß die Kinder irgendwann aufhören, Silben zu sprechen. Die Eltern können ihnen keine Rückmeldung geben, und das Kind bleibt in seiner Entwicklung stehen, wenn es nicht durch andere Menschen gefördert wird. Unsere Rückmeldung, unsere Freude, unsere Anteilnahme sind Ansporn und Triebkraft für das Kind. Wie freuen wir uns, wenn das Einjährige anfängt, in die Hände zu klatschen, wenn wir „Backe, backe Kuchen!" singen. Wie glücklich ist ein Vater, wenn sein kleiner Sohn ihm zum ersten Mal bewußt nachwinkt, wenn er zur Arbeit geht.

Später wird es die ersten Schritte wagen und bald die ersten Worte sagen. Jede Mutter weiß, daß irgendwann das Wort Mama gelernt wird. Wir vertrauen darauf – ganz selbstverständlich.

Mit drei oder vier wird unser Kind einen Stift zur Hand nehmen und sein erstes Kreuz und seinen ersten Kreis malen. Es wird Fahrrad fahren lernen und Buchstaben erkennen und Mengen begreifen.

Der bekannte Lehrer und Pädagoge Jürgen Reichen, der die Methode „Lesen durch Schreiben" erfand, schreibt in dem Lehrerhandbuch, daß diese Leselernmethode absolut untauglich ist, wenn Lehrerinnen es nicht schaffen, ihren Kindern zu vertrauen. Indem wir den Kindern zutrauen, daß sie selber lesen lernen, wenn wir ihnen ein paar Hilfsmittel wie eine Lautiertabelle an die Hand geben, schaffen sie es auch. Das haben tausende von Erstkläßlern, die nach dieser Methode unterrichtet wurden, bewiesen.

Wir regen das Kind an – und es greift unsere Anregung auf und gibt uns wiederum die Anregung zu neuer Anregung. Es fragt uns zum Beispiel: „Was steht denn da?" und versteht allmählich den Sinn von Buchstaben. Oder wir decken den Tisch gemeinsam und fragen: „Wieviele Teller brauchen wir denn?" Und unser Kind antwortet: „Einen für mich und einen für dich – also zwei."

Eines Tages fängt es an, Warum-Fragen zu stellen, und wir erklären ihm die Welt so gut es geht – alles im Vertrauen auf seine Fähigkeiten.

Ohne dieses Vertrauen kann kein Kind gedeihen. Vertrauen läßt ein Kind wachsen und sich mit seinen natürlichen Begabungen entfalten.

Vertrauen im „Trotzalter"

Ungefähr mit zwei Jahren beginnen Kinder, ihren eigenen Willen zu entdecken und sich bewußt aus der Abhängigkeit von ihren Eltern zu befreien. Sie fangen an, selbständig zu denken, zu handeln, zu fühlen und zu können. Es ist nicht schwierig festzustellen, wann Ihr Kind soweit ist: Sätze wie „Will alleine!" oder „Nina kann das!" zeigen deutlich an, daß das *Selbständigkeitsalter* beginnt.

Das ist oft schwer auszuhalten, denn unsere Kleinen sind hartnäckig und stellen uns auf die Probe: Kann ich nicht doch das Unmögliche möglich machen?

Wenn Sie Ihrem Kind vertrauen, werden Sie auch diese Lebensphase gelassen überstehen. Natürlich wird es viel Geschrei geben, aber wenn Sie sich sagen: „Ich bin stolz, daß mein Kind einen so starken Willen hat!" können Sie es leichter nehmen. Sie wissen, daß so ein starker Wille im Leben von großem Nutzen ist.

Es gibt viele Willensäußerungen, die wir ohne weiteres zulassen können. Was ist so schlimm daran, wenn Marie bei Sonnenschein unbedingt die neuen Gummistiefel anziehen will? Und warum können wir Max nicht allein die Treppe hochgehen lassen, wenn er das möchte, oder ihn mal tragen, wenn er das heute braucht? Es ist kein Drama, wenn wir ein Eis kaufen, obwohl wir das nicht vorhatten, oder das Dreirad mitnehmen, obwohl wir eigentlich zu Fuß gehen wollten. Manche Eltern haben Angst, ein Kind zu verwöhnen. Vertrauen Sie auch in dieser Phase sich selbst. Wir können ein Kind nicht verwöhnen, wenn wir aus Liebe handeln. Liebe hat nichts mit Konsum zu tun. Es ist nicht lieblos, wenn sie keine Gummibärchen kaufen, weil Ihnen die zu ungesund sind, oder wenn Sie Ihr Kind ins Bett bringen, weil Sie beobachten, wie müde es ist. Es ist auch nicht lieblos, den Fernseher auszuschalten oder ihr kleines Kind in ein anderes Zimmer zu bringen, wenn das größere fernsieht. Es schadet einem Kind aber nie, wenn sie es herumtragen, trösten oder ihm über seine Angst hinweghelfen. Es schadet einem Kind auch nie, Entscheidungen zu fällen, die es schon fällen kann: Zum Beispiel ob es Nudeln mit oder ohne Soße möchte oder eine Geschichte aus dem Hasenbuch oder ein Märchen. Nach meinen Erfahrungen tut es Kindern gut, sie viel allein entscheiden zu lassen: Sie fühlen sich dadurch ernst genommen, und sie sammeln eine Menge Erfahrungen.

Manchmal lassen sich Dinge nicht vermeiden. Wir müssen vielleicht um acht bei der Arbeit sein oder haben nun mal kein Geld dabei, wenn wir an der Eisbude vorbeikommen. Unser Kind hat dann eine Erklärung verdient, auch wenn es die nicht akzeptiert und ein Geschrei anfängt. Es tut einem Kind gut, gesagt zu bekommen: „Das macht dich jetzt sehr wütend. Mir geht es auch so, wenn ich meinen Willen nicht bekomme. Trotzdem müssen wir jetzt weitergehen."

Es bleibt dann wohl nichts anderes übrig, als den Kleinen unter den Arm zu klemmen.

Bemerkungen wie: „Stell dich nicht so an!" oder: „Sei nicht so böse!" oder: „Führ dich nicht so auf, du ungezogener Bengel!" kränken ein Kind und bewirken, daß es sich schlecht fühlt. Wenn Sie selber wütend sind in so einer Situation, dürfen Sie das ruhig verkünden. Ihr Kind versteht es, wenn Sie sagen: „Das macht mich jetzt stinksauer!" Sie haben genau wie Ihr Kind ein Recht auf Ihre Wut. Sie haben aber kein Recht auf Demütigung und Beleidigung Ihres Kindes. Und damit verändern Sie auch nichts zum Guten. Im Gegenteil: Sie geraten in die Sackgasse, wenn sie schreien: „Dich nehm ich nicht noch mal mit auf die Straße!"

Kinder müssen erst lernen, mit Enttäuschungen umzugehen. Wir können ihnen dabei helfen, wenn wir ihre Gefühle bemerken und akzeptieren. „Du bist jetzt enttäuscht. Du spielst gerade so schön. Trotzdem müssen wir jetzt losfahren. Ich muß um acht im Büro sein! Was hältst du davon, wenn du dieses Bilderbuch mit ins Auto nimmst?"

Wenn wir unseren Kindern vertrauen, erlauben wir ihnen auch, die Dinge, die sie schon können, allein zu erledigen. Zum Beispiel das Schuhe anziehen, das auf die Toilette gehen oder das Dreiradfahren. Sie sind dann stolz auf sich und ihre soeben erworbenen Fähigkeiten. Dennoch wird es immer wieder Situationen geben, in denen sie „rückfällig" werden und die erworbenen Fähigkeiten nicht anwenden wollen – zum Beispiel wenn sie müde sind oder wenn ein Geschwisterkind geboren wurde, das auch „nichts" kann. Es ist dann immer ein Balanceakt, wann wir unsere Dienste verweigern und wann nicht. Kleine Geschichten können manchmal helfen, uns aus verfahrenen Situationen zu retten. „Weißt du, der kleine Nasenbär von nebenan wollte sich eines Tages die Schuhe nicht anziehen. Da kam sein Vater, der die längste Nase in der Familie hatte und sagte: Habe ich nicht gestern gesehen, daß du die Schuhe schon anziehen kannst? Gestern konnte ich es ja noch, jammerte der kleine Nasenbär, aber heute geht es nicht mehr. Nun, da habe ich eine Idee, sagte der große Bär mit der langen Nase. Gestern hast du die Schuhe angezogen, und heute, heute steckst du einfach deine Füße hinein. Probier mal, ob das geht. Da sagte der kleine Nasenbär zu seinen Füßen: Hinein mit euch oder ich werde böse! Und rums wums, waren die beiden Füßchen in den Schuhen. Bravo! rief Vater Nasenbär. Und weil deine Füße sich so beeilt haben, bekommen sie heute abend beide einen Löffel Ameisenhonig aus meiner allerbesten Dose."

Humor und Geduld sind in dieser Phase äußerst hilfreich. Leider stehen sie auch mir nicht immer zur Verfügung!

Wir stärken das Selbstwertgefühl unseres Kindes, wenn wir ihm Stück für Stück mehr Entscheidungsfreiheit geben. Wir vertrauen ihm und trauen seinen Wahrnehmungen, wenn wir ihm erlauben, die Jacke auszuziehen, wenn es sich warm fühlt oder den Pullover anzulassen, wenn es meint, das wäre bei fünfundzwanzig Grad angemessen.

Meine Tochter Rosa wollte sich immer ausziehen. Ständig war ihr heiß. Weil ich selber leicht friere, traute ich ihren Wahrnehmungen oft nicht und hatte Angst, sie würde sich erkälten. Tatsächlich ist das nie eingetroffen nach so einer „Entkleidungsaktion". Sie hat mich mit ihrem starken Willen gelehrt, daß auch Kinder schon wissen, wieviel Kleidung sie benötigen, wenn man sie Erfahrungen sammeln läßt. Für den Notfall kann man die Jacke ja mitnehmen! Mein Sohn Simon war genau umgekehrt. Selbst bei dreißig Grad wollte er seinen Pullover anbehalten, wenn er ihn nun mal gerade anhatte. Aus- und umziehen waren ihm ein Greuel. Meine ständigen Fragen: „Willst du nicht den Pullover ausziehen?" haben ihn nur genervt. Also überließ ich ihn irgendwann seinem Schicksal. Inzwischen sind Rosa und Simon groß und gehen ihrer Wege. Die ganzen Sorgen um zu kalt oder zu warm sind „Schnee von gestern". Kinder wachsen aus diesen Phasen heraus wie aus ihren Schuhen. Wir machen uns Sorgen – und stellen rückblickend fest: Das war völlig unnötig.

Schulprobleme

Es ist ein Segen, wenn Ihr Kind eine freundliche Lehrerin hat, gern zur Schule geht und gut mitkommt.
Leider ist das nicht immer der Fall. Und Schulsorgen können Eltern ganz schön belasten.

Paul war ein zartes Kind, und als er mit sechs Jahren eingeschult wurde, hatte man Mühe, ihn hinter seinem riesig wirkenden Schulranzen zu erkennen.
Die Schule war nicht weit weg. Paul mußte durch einen Fußgängertunnel, über einen unbefahrenen Platz und dann über die Ampel direkt vor dem Schulgebäude. Aber schon die große schwere Schultür zu

öffnen war eine Aufgabe, die er fast nicht bewältigte. Und der Weg versetzte ihn täglich in leichte Panik. Das erfuhren Pauls Eltern jedoch erst Jahre später, als Paul ihnen schon über den Kopf gewachsen war. Was sie bald bemerkten war, daß Paul nicht gerade ein Superschüler war. Seine Leistungen waren allenfalls befriedigend, und das war schon seltsam. Erstens, weil Pauls Bruder, der drei Jahre älter war, die Schule mit links bewältigte und zweitens, weil sie Paul als einen sehr kreativen, konzentriert an seinen Dingen arbeitenden Jungen kannten. Dieses Kind ist, das glaubten seine Eltern fest, genauso begabt wie sein Bruder, nur scheint er irgendwie für die Schule nicht geschaffen. Zu sensibel, zu zart. Nach Beendigung der Grundschulzeit erhielten Pauls Eltern die Empfehlung, ihn auf eine Realschule zu schicken. Paul selber wollte gern auf die Gesamtschule gehen, dorthin, wo auch seine zahlreichen Freunde eingeschult wurden.

Durch einen Umzug wurden diese Pläne zerschlagen. Deshalb beschlossen Pauls Eltern, es mit einem Gymnasium zu versuchen. Allerdings sollte er die letzte Klasse freiwillig wiederholen. Diese Maßnahme erwies sich als ziemlich nutzlos. Paul wurde kein bißchen besser. Und dann blieb er sitzen. „Ich saß heulend vor dem Schulleiter", wußte seine Mutter zu berichten. „Ich weiß, daß mein Sohn intelligent ist. Warum hat er nur immer diese Mißerfolge?"

Mir erzählt sie: „Ich wußte immer, daß Paul das Abitur schaffen wird. Aber ich wußte nicht wie. Irgendwie war keine Schule in unserem Umkreis für ihn geeignet."

Inzwischen hat Paul sein Abitur mit guten Noten bestanden. In der Oberstufe schien auf einmal ein

Knoten zu platzen. Das Lernen machte zum ersten mal Spaß.

„Wenn wir nicht an ihn geglaubt hätten, säße er jetzt mit einem Hauptschulabschluß auf der Straße", meint Pauls Mutter. „Die Lehrer haben einfach nicht gesehen, was in ihm steckt."

Und Paul? Ich frage ihn, wie es kam, daß er auf einmal ein guter Schüler wurde. „In der Oberstufe hat sich die Schule verändert. Wir hatten da endlich Freiheit. Vorher sollte ich immer tun, was die Lehrer sagten. Jetzt durfte ich selber denken und gestalten. In der Oberstufe haben uns die Lehrer viel mehr vertraut und nicht mehr ständig kontrolliert."

Ist diese – übrigens wahre – Geschichte nicht ein bißchen überzogen? Es können doch nicht alle Abitur machen. Und – was hat das ganze mit Vertrauen zu tun?

Vielleicht haben Sie auch schon einmal von folgendem psychologischen Experiment gehört: Einer Gruppe Lehrer gab man Mathematikarbeiten zur Benotung und sagte, diese Arbeiten seien von überdurchschnittlich begabten Kindern geschrieben worden. Eine andere Gruppe erhielt die gleichen Arbeiten mit dem Hinweis, sie seien von minderbegabten Sonderschülern ausgerechnet worden. Wie fiel wohl die Benotung aus? Natürlich erhielten die angeblich überdurchschnittlich begabten Schüler weitaus bessere Zensuren.

Dieses Experiment zeigt, daß wir mit unseren Gedanken und Glaubenssystemen Realität schaffen. Halten wir unser Kind für intelligent, wird es das auch beweisen. Reden wir ihm aber täglich ein, „dafür bist Du zu blöd", wie es einer Klientin von mir geschah, wird es kaum den Hauptschulabschluß schaffen.

Diese junge Frau wurde viele Jahre von Lernstörungen geplagt. Erst in der Therapie konnten die inneren Blockaden gelöst und das alte Glaubenssystem durch ein sinnvolleres ersetzt werden.

Waltraud erzählt: „Meine beiden Kinder gingen auf die gleiche Grundschule und hatten dort eine katastrophale Schulzeit. Meine Tochter fing mittwochs an, sich zu übergeben – und das ging bis zum Wochenende. Da erholte sie sich wieder. Ihre Lehrerin war Alkoholikerin.
Mein Sohn verweigerte bei seinem Lehrer den Unterricht. Er schaltete völlig ab. Auf seinen Zeugnissen standen lange Ausführungen darüber, wie unmöglich er sei. Mein Mann und ich wußten aber, daß unsere Kinder intelligent waren. Auf den weiterführenden Schulen blühten sie beide auf. Heute haben sie jeder ein Studium abgeschlossen und einen guten Beruf."
Natürlich können nicht alle Kinder Abitur machen und es ist auch nicht immer wünschenswert, zu studieren. Tatsache ist jedoch, daß Vertrauen, das Eltern in ihre Kinder setzen, ihnen enorm weiterhilft. „Das schaffst du schon" ist ein Satz, der segnend wirkt.

„Arne saß im ersten Schuljahr fast nur unter dem Tisch", erzählt mir seine Mutter. „Ich habe es seiner verständnisvollen Lehrerin zu verdanken, daß er jetzt ein richtig guter Schüler ist. Sie hat immer an ihn geglaubt. Und sie mochte ihn. Arne ist bis heute verträumt, und er kann sich schlecht organisieren. Aber er schafft es."

Vor drei Jahren faxte mir meine Freundin Barbara empört das Zeugnis ihres Sohnes zu. Am Ende des zweiten Schuljahres war er nur negativ bewertet

87

worden. *Die vielen positiven Eigenschaften, die dieses Kind zweifellos hat, wurden überhaupt nicht gesehen.* Barbara handelte sofort und entschieden und meldete ihren Sohn in der soeben gegründeten Waldorfschule an. *Dort ist er bis heute ein glücklicher Schüler.* „Bei seinen Zeugnissen kommen mir jetzt die Tränen", *sagt sie dankbar.* „So genau und treffend beschreiben ihn seine Lehrer."

Wie Sie Ihre Schulsorgen loswerden

Fragen Sie stets mehrere Experten, und lassen Sie sich nicht von einer negativen Meinung einschüchtern.

Bilden Sie sich selbst ein Urteil! Reden Sie mit allen Lehrern Ihres Kindes und gegebenenfalls auch mit dem Schulleiter.

Hospitieren Sie im Unterricht!

Informieren Sie sich genau über die angeblichen oder tatsächlichen „Mängel", die Lehrer an Ihrem Kind beklagen oder die Ihr Kind an einem Lehrer beanstandet. Was ist dran und wie läßt sich das beheben?

Suchen Sie immer das Gespräch mit allen Beteiligten.

Denken Sie positiv!

Schicken Sie Ihrem „Widersacher" gute Gedanken und Wohlwollen!

Klagen Sie niemals an, sondern bitten Sie um Hilfe und Unterstützung.

Das gilt auch für Ihr Kind. Leistet es seinen Beitrag zur Überwindung des Problems?

Wenn Sie das Gefühl haben, auf „Granit zu beißen", beten Sie.

Es gibt für jedes Problem mehrere Lösungen!

Bieten Sie Ihrem Kind alle erdenklichen Hilfen an. Manchmal ist Nachhilfeunterricht eine gute Möglichkeit, Probleme kurzfristig zu überwinden. Stärken Sie Ihrem Kind immer wieder den Rücken. Informieren Sie sich über Möglichkeiten, das Kind in die Parallelklasse oder eine andere Schule zu versetzen. Schon manche Kinder sind auf anderen Schulen glücklich geworden, obwohl sie lange Fahrzeiten in Kauf nehmen mußten.

Was Sie vermeiden sollten

Druck und Zwang können vielleicht vorübergehende Erfolge sichern – langfristig kann niemand ein Kind durch eine bestimmte Schullaufbahn „prügeln".

Konzentrieren Sie sich weder nur auf die Stärken noch auf die Schwächen Ihres Kindes. Beides gehört zu seinem Charakter und muß realistisch betrachtet werden.

Machen Sie Schulprobleme nicht zum Mittelpunkt Ihres Lebens. Es gibt ein Leben vor und nach der Schule!

Vermeiden Sie es, die Schuld auf andere zu schieben. An Problemen hat jeder auch einen Eigenanteil. Wer diesen Eigenanteil nicht sieht, wird schwerlich etwas zum Guten wenden können.

„Ich habe die Verantwortung für mein Leben" ist ein Satz, in den Kinder erst hineinwachsen müssen. Als Eltern hat man Verantwortung. Von Anfang an.

Verhaltensprobleme

Manche Kinder werden im Kindergarten auffällig – oder später in der Schule. Vielleicht wurde Ihnen aber auch schon von Verwandten gesagt: „Dieses Kind verhält sich unmöglich!"

Wenn die eigenen Kinder auffällig sind, fühlen sich Eltern oft in die Ecke getrieben und angeklagt. „Wie könnt Ihr nur so ein Kind haben!" Das ist so ziemlich das schlimmste, was einem passieren kann, denken manche Mütter oder Väter dann im stillen.

Manchmal reden andere Eltern untereinander schlecht über ein Kind und beschweren sich bei der Erzieherin oder Lehrerin.

Wie dem auch sei, es macht Eltern ein schlechtes Gefühl und mindert ihr Vertrauen in ihre Fähigkeiten, wenn sie auf der „Anklagebank" sitzen.

Sie fühlen sich dann schuldig – auch wenn sie es gar nicht sind – und werden zutiefst verunsichert. Aus Angst werden manche Eltern dann auch aggressiv oder regen sich schnell auf.

Dabei sind Geduld und Vertrauen gerade die Fähigkeiten, die Eltern von „schwierigen" Kindern so dringend brauchen!

Gerade schwierige Kinder brauchen Selbstwertgefühl. Weil sie oft von vielen Menschen abgelehnt werden, ist es für Eltern so wichtig, gerade hinter diesem Kind zu stehen, seinen Fähigkeiten zu vertrauen und es zu fordern.

Ein hypermotorisches Kind wird nicht eine ganze Stunde stillsitzen können. Es schafft aber vielleicht fünf Minuten – und das ist auch schon eine große Leistung. Je abgelehnter sich das Kind fühlt, desto unruhiger wird es. Sie können das sehr leicht selber testen.

Stellen Sie einmal einem beliebigen Menschen eine schwierige Frage: Er fängt automatisch an, sich zu bewegen und unruhig zu werden. Alle Verhaltensprobleme verringern sich, wenn sich ein Kind sicher, geborgen und geliebt fühlt. Wenn es vertrauen kann. Natürlich machen es uns gerade die schwierigen Kinder schwer. „Was soll man denn an diesem Kind noch wertschätzen?" wurde mir manchmal gesagt. Nun, jedes Kind hat äußerliche Merkmale, die erwähnenswert sind: große Augen oder schöne Haare zum Beispiel. Es lohnt sich aber auch, gerade die „schlechten Eigenschaften" eines Kindes aufzuzählen und sie einmal unter einem anderen Blickwinkel zu betrachten. In der Familientherapie nennt man das „umdeuten".

Ein Kind, das sich schlecht konzentrieren kann, sieht vielleicht besonders viel, ein lautes Kind weiß, wie man sich bemerkbar macht. Ein auffälliges Kind ist ganz besonders lebendig, ein langsames Kind sorgfältig. Es geht in dieser Übung nicht darum, Dinge „schönzureden", sondern Ansatzpunkte zu finden, die mir helfen, gerade dieses Kind so anzunehmen, wie es ist. Jede Schwäche ist nämlich gleichzeitig eine Stärke. Wenn ich geizig bin, kann ich mein Geld zusammenhalten, wenn ich frech bin, nehme ich kein Blatt vor den Mund und beweise Mut, wenn ich aggressiv bin, stehe ich für mich ein.

Wir können unsere Kinder nicht zu anderen Menschen machen, wir können ihnen aber die Folgen ihres Verhaltens verdeutlichen. Nicht durch Worte, sondern durch ganz konkrete Erfahrungen.

Ein Kind muß erfahren, daß Worte beleidigen können, daß man sich jedoch auch entschuldigen kann. Es muß spüren, daß Schläge weh tun und demütigen, damit es andere nicht schlägt. Es muß erfahren haben, daß viele Dinge zerbrechen, wenn man sie schmeißt, daß man seine Wut aber auch an einem Kissen oder einer Matratze auslassen kann. Kinder mit Wahrnehmungsstörungen brauchen besondere Hilfen und sehr viel Klarheit und Orientierung. Wie alle anderen Kinder auch wollen sie jedoch gesehen, geachtet und geliebt werden. Eltern müssen ihre Worte und ihr Verhalten so einem Kind gegenüber immer wieder kontrollieren, denn ein kleiner Mensch, der dauernd ausgeschimpft wird, fühlt sich einfach nur schlecht.

Gerade diesen Eltern wird es gut tun, abends, auf dem Bettrand, mit ihrem Kind über das zu reden, was heute gut war und wofür sie dankbar sind.

Rene ist ein ganz besonderes Kind. Er ist sieben und lebt mit seiner Mutter allein. Eine Diagnose lautet: „Wahrnehmungsstörungen". Als er in meine Praxis kommt, frage ich ihn freundlich, mit was er spielen möchte und mache ihn auf das Puppenhaus und die Bausteine aufmerksam. „So einen Scheiß rühre ich nicht an", sagt Rene lässig und wirkt in diesem Moment fast wie dreizehn. Weil ich vorgewarnt bin, bleibe ich gelassen und erwidere freundlich: „Was für Spielzeug magst du denn gern?" „Das geht dich gar nichts an!" erwidert Rene und schreitet im Raum auf und ab. Schließlich entdeckt er die Meditationskissen, stapelt sie übereinander und wirft sie dann mit einem kräftigen Faustschlag um. Ich wende mich der Mutter zu, und wir reden, ohne uns weiter um Rene zu kümmern.

Renes Mutter ist mit den Nerven oft am Ende. Sie hat niemand, der ihn den Jungen mal abnimmt. Nur

sein Vater hat einmal pro Woche drei Stunden für ihn
Zeit. „Dieses Kind ist eine unglaubliche Herausfor-
derung für mich", sagt sie. „Aber ich lerne auch un-
endlich viel durch ihn. Ich weiß, daß er sehr begabt
ist, und ich vertraue meiner inneren Führung, daß
wir beide den richtigen Weg finden." Ich bestärke
Renes Mutter in ihren Ansichten und bewundere sie
für die Art und Weise, in der sie Rene Grenzen setzt.
Sie fühlt sich ermutigt und in ihrem Weg bestärkt.
Sie glaubt, daß es kein Zufall ist, daß gerade dieses
Kind zu ihr wollte.

Grundsätzlich sollten Eltern beachten:
Kinder sind von Geburt an sozial. Sie nehmen vom
ersten Tag an Kontakt mit uns auf und reagieren auf
unser Verhalten.

Kinder kooperieren mit jeder Form von Erwachse-
nenverhalten, unabhängig davon, ob das für ihr eigenes Leben konstruktiv oder destruktiv ist. So nehmen
viele Kinder Strafen und Demütigungen auf sich, um
ihren Eltern einen „Dienst" zu erweisen. Sie werden
zum Problemkind, damit die Eltern sich nicht trennen, oder sie zerstören sich selbst, damit die Eltern
sie endlich beachten und erkennen, was sie erzeugt
haben. In Familientherapien werden solche kindlichen Problemlösungsversuche aufgedeckt und können dann konstruktiv verändert werden.

Kinder geben Eltern verbale und nonverbale Rückmeldung, die gleichzeitig kompetente Hinweise auf
emotionale und existenzielle Probleme der Eltern
sind. Kurz gesagt: *Kinder sind gerade dann am wert-*
vollsten für das Leben der Eltern, wenn diese sie am
beschwerlichsten finden!

Helmar und Lothar sind Geschwister. Ihr Vater hat zwei Arbeitsstellen. Er ist in einer Baufirma angestellt und gleichzeitig im Nebenerwerb Schafzüchter. Als er mit Helmars Mutter zur Paarberatung kommt, ist diese nur am Weinen. Ihre beiden Söhne tanzen ihr auf der Nase herum. Und das, obwohl die Therapeutin der Kinder doch gesagt hat, sie brauchen Konsequenz. Und ihr Mann ist ständig in seiner Firma oder bei den Schafen. Sie hat keinen Gesprächspartner für ihre Probleme, erfährt von ihrem Mann keine Anerkennung und fühlt sich im Stich gelassen. Oft ist sie völlig verzweifelt, weil sie nicht weiß, was sie tun soll.

Dadurch, daß die beiden Söhne so auffällig wurden, sind jetzt beide Eltern bereit, etwas zu unternehmen. In der Paarberatung werden neue Vereinbarungen getroffen. Es stellt sich heraus, daß der Vater niemals gelernt hat, fürsorglich und zärtlich zu sein oder Anerkennung zu geben. Seine Eltern haben ihm das nicht vorgelebt. Jetzt bekommt Herr A. ganz konkrete Aufgaben, und seine Frau verspricht, ihn nicht mehr mit Vorwürfen zu überhäufen. Beide sind zu Veränderungen bereit und dankbar für Abmachungen.

Jetzt hat Helmar eine Empfehlung für die Realschule erhalten und sein jüngerer Bruder hat zum ersten Mal keine Bemerkung auf dem Zeugnis, die sein Verhalten kritisiert. „Wenn unsere Söhne nicht so ‚verhaltensgestört‘ gewesen wären, würden wir immer noch nebeneinander herleben. Durch das Problem, das sie geschaffen haben, sind wir alle einander näher gekommen."

Wir können unseren Kindern vertrauen. Wenn sie sich auffällig benehmen und Probleme bereiten, haben wir als Eltern eine Lektion zu lernen.

Was man bei Verhaltensproblemen tun kann

Fragen Sie wohlwollende Menschen, die Ihr Kind kennen, wie sie Ihr Kind wahrnehmen. Zum Beispiel Ihre Freundin, Geschwister oder Eltern.

Suchen Sie sich Hilfe in Beratungsstellen oder psychologischen Praxen, wenn Sie allein nicht weiterkommen. Je früher ein Problem angegangen wird, desto besser.

Betrachten Sie die Aussagen anderer Menschen über Ihr Kind als *Rückmeldung. Nicht als Urteil.*

Bedenken Sie den Eigenanteil, den jeder an einem Problem hat.

Vertrauen Sie auf Ihre Wahrnehmung und Ihre innere Stimme.

Wenn Sie sich schlecht beraten fühlen, wechseln Sie die Beratungsstelle.

Geben Sie niemandem die „Schuld" für ein Problem, sondern suchen Sie statt dessen nach konstruktiven Lösungen.

Geben Sie Ihrem Kind alle mögliche Unterstützung. Lassen Sie es fühlen: Ich bin für dich da und ich liebe dich, auch wenn dein Verhalten mich oft stört.

Erinnern Sie sich täglich an die positiven Verhaltensweisen, die Ihr Kind hat.

Zeigen Sie Ihrem Kind, daß Sie hinter ihm stehen und es annehmen wie es ist, indem sie ein Foto von ihm aufhängen, seine Bilder wertschätzen und es immer wieder bewußt wahrnehmen.

Was Sie vermeiden sollten

Kritisieren Sie das Verhalten, nicht aber das Kind! Gerade Kinder mit „Verhaltensproblemen" haben oft ein geringes Selbstwertgefühl. Deshalb ist es sinnvoll, auf treffende Worte und gezielte Kommunikation zu achten.

Schauen Sie das Kind an, wenn Sie mit ihm reden. Begeben Sie sich auf gleiche Augenhöhe und bitten Sie auch das Kind, Sie anzuschauen.

Fassen Sie es irgendwo sanft an, damit es spürt, daß Sie es ernst meinen.

Reden Sie nicht schlecht über Ihr Kind – mit wem Sie auch sprechen. Sprechen Sie allenfalls von sich selbst. Und von Ihren Gefühlen.

Opfern Sie sich nicht für Ihr Kind auf. Nur wenn es Ihnen gut geht, kann es auch Ihrem Kind gut gehen.

Konzentrieren Sie sich nicht auf das Problem, sondern auf die Lösung. Was wünschen Sie sich für Ihr Kind? Was wünscht sich Ihr Kind? Wie möchte es sein?

Geben Sie niemandem die „Schuld" für das Problem. Schuldzuweisungen führen von der Lösung weg. Konzentrieren Sie sich auf die Lösung, und suchen Sie sich dafür kompetente Hilfe.

Angst vor Krankheiten – Vertrauen in Gesundheit

Niemand wird im Leben ohne Krankheiten auskommen. Kinder machen nach längeren Krankheiten oft einen deutlichen Entwicklungsschub. Und sie gehen meistens gestärkt daraus hervor.

Uns Erwachsenen tun Krankheiten oft gut, weil wir uns dann erlauben, eine Pause zu nehmen, uns zu besinnen und über vieles nachzudenken. Außerdem erlebe ich bei mir selbst nach einer überstandenen Krankheit einen regelrechten Dankbarkeitsschub für meine Gesundheit.

Krankheiten sind also in der Regel kein Grund zur Unruhe. Wenn Eltern sich vor den Krankheiten Ihrer Kinder fürchten, dann meist deswegen, weil sie noch weniger Schlaf bekommen oder vom Arbeitgeber schräg angesehen werden, weil sie schon wieder fehlen. Das ist natürlich unangenehm und sicherlich nicht einfach. Aber kein ernsthafter Grund zur Sorge. Den fehlenden Schlaf werden Sie nachholen. Und mit Ihrem Arbeitgeber können Sie reden. Vielleicht kann der Vater, eine gute Freundin oder Nachbarin für Sie einspringen. Bitten Sie um Hilfe, denn viele Menschen sind froh, sinnvoll helfen zu können. Sie wollen nur gefragt werden.

Manchmal werden Kinder auch krank, um die Aufmerksamkeit der Eltern auf sich zu lenken. Der zwölfjährigen Nadine wird jeden Morgen schlecht. „Ich muß spucken" oder „Ich habe gespuckt!" ist einer der häufigsten Sätze, die zwischen ihr und ihrer Mutter ausgetauscht werden. Die beiden klappern sämtliche Ärzte der Umgebung ab, aber selbst aufwendige Stuhluntersuchungen ergeben nur: dem Kind fehlt nichts. Körperlich. Das morgendliche Unwohlsein hat sich zu einem Ritual entwickelt, das Mutter und Tochter zueinander führt und miteinander ins Gespräch bringt. Ich rate der Mutter, Nadine mit einer „Kotztüte" in die Schule zu schicken. Wenn ihr schlecht wird, kann sie diese benutzen. Nach der Schule sollen

sich die beiden nachmittags zu einem „Teestündchen" zusammensetzen und über alles reden – nur nicht über Krankheiten. *Außerdem wird Nadine wieder regelmäßig zum Reiten gefahren, was einmal ihr liebster Sport war, aber wegen Überlastung der Mutter häufig ausfallen mußte.* Homöopathische Tropfen bekommt sie ebenfalls verschrieben.
Übel ist Nadine nun nicht mehr.

Der siebenjährige Tim litt regelmäßig unter Kopf- und Bauchschmerzen. Häufig konnte er nicht in die Schule. Weil die Ärzte nichts feststellen konnten, ließen sich die Eltern schließlich zu einer familientherapeutischen Beratung überreden.
Bald wurde deutlich, daß Tim unter den häufigen Streitigkeiten seiner Eltern litt und fürchtete, sie könnten sich trennen. Den Eltern wurde ein Versöhnungsritual verschrieben. Sie sollten sich, wenn sie sich nach einem Streit wieder vertrugen, deutlich vor Tim umarmen. Außerdem versprachen sie Tim, als Mutter und Vater immer für ihn zu sorgen und ihn – falls sie sich irgendwann einmal trennen wollten – rechtzeitig davon zu informieren. Zusätzlich bemühten sie sich, Streitgespräche auf Spaziergängen zu zweit oder in einer begonnenen Paartherapie auszutragen. Natürlich ließ sich das nicht immer einrichten, aber die Atmosphäre zu Hause verbesserte sich deutlich. Und Tim konnte wieder regelmäßig zur Schule gehen. Ohne Kopf- und Bauchschmerzen.

Manchmal werden Kinder auch ernsthaft krank. Und manche Kinder sterben.
Das zu akzeptieren, ist sicherlich sehr schwer.
David war ein kluger, munterer Fünfjähriger, be-

vor er an Rückenmarkkrebs erkrankte. *Innerhalb kurzer Zeit wurde klar, daß David sterben würde. Was für eine Tragödie für seine siebenjährige Schwester und seine Eltern!*

In familientherapeutischen Sitzungen wurde ihnen Gelegenheit gegeben, ihre Wut, ihre Trauer, ihre Verzweiflung und ihren Kummer auszusprechen. Auch über den bevorstehenden Tod wurde geredet.

Alle bereiteten sich darauf vor, die letzten Wochen für David so angenehm wie möglich zu gestalten und gleichzeitig Trauer zuzulassen und sich zu verabschieden. Um seine Schmerzen zu lindern, schlug der Therapeut David ein kleines Ritual vor. Immer, wenn er Schmerzen habe, sollte er seinen großen Teddy in den Arm nehmen und ihn bitten, seine Schmerzen zu übernehmen. Andere Bären hätten dies bereits für kranke Kinder getan. Er solle den Bären am Kopf berühren, bis zehn zählen und dann feststellen, wie die Schmerzen allmählich nachließen.

Die Mutter berichtete, bis zu seinem Tod wäre der Bär ständig bei ihm gewesen.

Wir wissen nicht, warum manche Kinder sterben müssen und andere – selbst unter schwierigsten Bedingungen – überleben. Frank McCourt hat in seinem Buch „Die Asche meiner Mutter" auf einzigartige Weise beschrieben, wie es ist, wenn Geschwister sterben. In früheren Jahrhunderten war der Tod kleiner Kinder ständiger Begleiter. Man denke nur an bekannte Familien wie die Johann Sebastian Bachs oder Robert Schuhmanns.

Wir wissen es nicht. Für mich ist der Glaube oder das Vertrauen daran, daß es so gewählt und damit sinnerfüllend ist, wohltuend. Ich glaube, daß eine

Seele vor der Geburt entscheidet, welche Erfahrung sie leben möchte.

In heutiger Zeit beschäftigt man sich wieder mehr mit dem Tod, und es gibt in allen Städten Hilfe für Trauernde. Ich vertraue darauf, daß auch ich, falls ich erleben muß, daß einer meiner Liebsten stirbt, diese Hilfe von Freunden und vielleicht auch professionellen Trauerbegleitern annehmen kann. Außerdem beschäftige ich mich viel mit dem Tod, weil ich dadurch das Leben wertschätze und die Angst vor seinem natürlichen Ende verliere.

In ihrem sehr lesenswerten Buch „Kinder und Tod" ist auch der Brief abgedruckt, den Elisabeth Kübler- Ross einem neunjährigen, an Krebs erkrankten Jungen schrieb. „Du und Gott", heißt es da, „Ihr habt zusammen Deine Eltern ausgesucht aus einer Billion Menschen. Du wähltest sie, um ihnen zu helfen beim Wachsen und Lernen – und sie sind auch Deine Lehrer. Unser Leben ist eine Schule, in der wir manches lernen können: Mit anderen Menschen auszukommen – ihre Gefühle zu verstehen –, aufrichtig zu sein mit uns und anderen, Liebe zu geben und zu empfangen. Wenn wir unsere Prüfung bestanden haben, dürfen wir abschließen – das bedeutet: Wir dürfen heimkehren in unser wirkliches Zuhause – zu Gott, von dem wir kamen. Dort treffen wir alle Menschen wieder, die wir je geliebt haben."

Als ich Anke erzähle, an welchem Buch ich gerade schreibe, fängt sie an, mir von Greta Luisa zu erzählen. Ich weiß, daß Greta Luisa mit neun Monaten an plötzlichem Kindstod gestorben ist. Es war ihr drittes Kind und ihre erste Tochter. Und ich kenne Greta Luisas Grab mit den rosa Rosen.

„Als ich etwa sieben Jahre alt war und einmal mit einem Stock im Sand malte, wußte ich auf einmal, daß mir später etwas sehr Schlimmes widerfahren würde. Ich erlebte ein eigentümliches Gefühl von Furcht, aber auch Gespannt-Sein, jedenfalls „wußte" ich ganz sicher, daß es sowohl unumgänglich als auch für mich vorgesehen und von daher sinnvoll war. Es war, als ob ich einen Hauch von Schicksalswirken erlebt hätte, der mir deswegen so gut in Erinnerung geblieben ist, weil er etwas Erhabenes an sich hatte. *Ich hatte zwar immer noch dieses Gefühl von damals irgendwo in mir abrufbar, aber einen Schicksalsschlag hatte ich immer verdrängt.* Als ich unsere kleine, sehr geliebte und behütete Tochter im Bettchen leblos vorfand, formulierte sich schlagartig dieser Satz in meinem Kopf: Das ist es also! Das ist es, was ich immer wußte und wovor ich entsetzliche Angst hatte. *Die Trauer war unermeßlich. Sie sprengte einen mir vorher vorstellbaren Rahmen, und immer noch weine ich oft. Aber etwas anderes ist geschehen. Ich erlebe, daß der Tod keine Trennung bedeutet. Dies ist außerordentlich wichtig. Der Tod ist ein Übergang, und der leibliche Mensch ist nicht mehr da. Aber die Seele des geliebten Menschen ist unsterblich. Oft spüre ich das. Auf eine wunderbare Weise sind wir als Familie mit unserer Tochter weiterhin verbunden."*

„Wir können Christus nicht mehr mit unseren Händen berühren, wie es vor langer Zeit geschah. Aber es gibt einen anderen, subtileren Weg, ihn zu erreichen, indem wir Gedanken des Glaubens zu ihm senden. Die ausgestreckte Hand oder der ausgesandte Gedanke, beide bezeugen Glaube und Vertrauen. Und

Glaube und Liebe sind es, die die heilende Kraft auslösen", schreibt Peale (Leben kann Freude sein S. 105).
Manchmal brauchen wir heilende Kraft, um den Tod zu akzeptieren.

Vertrauen in der Pubertät

Mit Pubertät verbinden viele Eltern schreckliche Vorstellungen. Ich kann Ihnen versichern, daß es gar nicht so schlimm kommen muß, wenn Sie sich ein bißchen Humor und Respekt bewahren. Sachlich gesehen ist die Pubertät die Phase, in der die Schamhaare wachsen (pubes heißt Schamhaare und pubertas Geschlechtsreife) und sich der gesamte Körper einer sehr heftigen Umstellung unterzieht. Diese heftige Transformation bereitet verständlicherweise eine Menge Turbulenzen und innere Unsicherheiten. Dieses zeitweilige mangelnde Vertrauen drückt sich dann in Wut, Trauer oder unangemessenem Verhalten aus.

Vertrauen Sie darauf, daß Ihr Kind diese Phase durchlebt und sich weiterentwickelt, wie es seinen inneren Plänen entspricht. Bitte beachten Sie: *seinen Plänen,* nicht Ihren. Ein Punkt, mit dem wir in der Pubertät unserer Kinder sehr zu kämpfen haben, ist nämlich der: Wir müssen feststellen, daß unser Kind immer mehr es selbst wird – und nicht unbedingt so, wie wir uns das einmal vorgestellt haben. Wenn wir das akzeptieren, haben wir schon viel gewonnen!

Worum geht es in diesem Altersabschnitt?

Der Jugendliche muß seinen eigenen Weg finden. Er muß sich von denen lösen, die er über alles liebt: seine Eltern. Daher ab und zu die frechen Worte, die Abwehr Ihrer Liebesbekundungen und der Widerspruchsgeist.

Bedenken sollten wir auch, daß die Pubertät nicht nur einer sehr schwierigen Gratwanderung gleicht, sondern auch absolut notwendig ist und zum Er- wachsenwerden unabdingbar dazugehört. Wer als Jugendlicher nicht die Chance hatte, gegen die Eltern zu rebellieren, wird diese Phase irgendwann nachho- len. Wahrscheinlich sind Ihnen auch schon einmal Erwachsene begegnet, die genau diesen Eindruck machten. Sie rebellieren gegen alles und wirken irgendwie ein bißchen schräg – zum Beispiel mit fünf- zig in Teenagerklamotten. Vor allem aber besteht die Gefahr, daß zu brave Teenager ihre ureigene einzig- artige Lebensaufgabe nicht finden und dann ein Le- ben führen, das auf Erwartungen gegründet ist, die außerhalb dieses Menschen liegen. Sie führen eine Art Scheinleben und machen vielleicht eine Karriere, die nicht aus innerem Antrieb, sondern durch die Er- wartungen anderer konstruiert ist. Solche Menschen werden früher oder später unglücklich oder krank- oder beides. Jeanne Meijs schreibt über solche Men- schen: „Nirgendwo findet er Befriedigung, weder am Arbeitsplatz noch während der Freizeit. Unbe- stimmte Ängste, Unruhe und vor allem ewige Un- zufriedenheit führen zur Flucht in noch mehr Arbeit, in Alkoholkonsum oder Sensationssucht, bis ihm auch dieser Fluchtweg früher oder später versperrt wird und dem Ruhelosen vielleicht durch ein Schick- salsereignis ein Spiegel vorgehalten wird: Vielleicht wird ihm gekündigt und er hat dadurch auf einmal viel Muße, sich auf seine bisherige Lebensführung zu besinnen, oder vielleicht zwingt ihn eine Krankheit, einen Blick in den Spiegel zu werfen. Oder ein Ein- schnitt entsteht dadurch, daß seine Kinder in die Pu- bertät eintreten, denn die Unfreiheit der Seele wird von niemandem so gnadenlos gespiegelt wie von einem Pubertierenden!" (S. 35)

Der Jugendliche sucht nach dem Sinn des Lebens, nach seiner Aufgabe, seinen Fähigkeiten und Qualitäten. Und natürlich nach Vorbildern. Wir sind jetzt gefragt, um Offenheit, faire Konfliktlösung und Lernbereitschaft zu demonstrieren. Jugendliche sehnen sich nach offener, fairer Konfrontation. Nur so können sie ihren eigenen Standpunkt finden. Deshalb müssen wir nicht verzweifeln, wenn sie uns widersprechen oder angreifen. Sie hören uns zu – und benutzen unsere Argumente vielleicht schon nächstes Mal gegenüber Freunden. Erwachsene können sich in eine sinnlose Konfrontation verrennen, wenn sie sich mit übertriebener Sorge nähern und überall Gefährdung vermuten. Entgegengebrachtes Vertrauen, Zuhören und Respektieren der Haltung des Jugendlichen, ohne die eigene Haltung und Meinung zu verbergen, kann noch viele Jahre später Früchte tragen. Erinnern Sie sich vielleicht auch an Menschen, die Ihnen in diesem Alter eine solche Haltung vorlebten? Erinnern Sie sich an das Glück, das sie fühlten, solche Menschen zu kennen?

Im Teenageralter wird unser Vertrauen manchmal auf eine harte Probe gestellt. *Vertrauen ist aber gerade jetzt wichtig. „Das Vertrauen der Eltern ist wie ein Seil, an dem er (der Jugendliche) sich beim Erklettern einer steilen Bergwand festhalten kann",* schreibt Jeanne Meijs sehr treffend *(S. 74). Vertrauen schafft Realität. Indem wir den Gesprächsfaden zu unseren Kindern nie abreißen lassen, bereit sind, die Scherben, die sie vielleicht erzeugt haben, aufzulesen und fest an ihre Qualitäten glauben, werden sie diese Phase gut überstehen.* Als unsere Söhne anfingen, abends auszugehen, waren wir zunächst sehr unruhig. Wann und wie würden sie nach Hause kommen? Würde ihnen nichts zustoßen? Wie würden sie sich Drogen gegenüber verhalten?

Andere Mütter haben mir erzählt, daß sie nicht einschlafen können, wenn der Sohn mit einer Mofa unterwegs ist oder halb sterben, wenn er in die Disko geht.

Und wenn Mädchen ausgehen, befürchten wir vielleicht zusätzlich noch Vergewaltigung oder Überfall.

Etwas, was mir sehr geholfen hat, war, mit meinen Kindern über meine Sorgen zu reden: „Also hört mal – ich fürchte, daß Ihr wertvolle Stunden vor der Glotze vertut, wo es doch so viel Sinnvolles zu tun gibt!" „Cool bleiben, Mama!" antworteten Sie mir. Und zählten dann auf, wieviele Bücher sie lesen, welche Pflichten sie erfüllen und wieviel Sport sie treiben. Das hat mich überzeugt. Außerdem war ich besorgt, daß sie zuviel am Computer sitzen. Auch das wurde widerlegt. Und heute, wo sie erwachsen sind, muß ich feststellen, daß sie recht hatten. Sie sind auf einem glücklichen und erfolgreichen Weg – nehmen keine Drogen und sind gesund.

Manche Kinder sind sehr vernünftig und vorsichtig. Andere sind eher draufgängerisch und stürmisch oder besonders vertrauensselig und „naiv".

Gerade „gute" Eltern können manchmal extrem rebellische Kinder haben. Die Tochter eines befreundeten Arztes – ein sehr toleranter und großzügiger Vater – wurde in ihrer Stadt häufig an einem Platz gesehen, wo sich die Punks mit ihren Hunden und Bierdosen aufhalten. Sie hatte sich in den Kopf gesetzt, diesen „Typen" zu helfen, und sie war mit einigen befreundet. Ist sie vielleicht sogar mit einem ins

Bett gegangen? Fest steht: Die Eltern haben immer mit ihrem Kind geredet und ihre Meinung gesagt, und sie haben ihrem Kind immer vertraut.
Heute studiert die junge Frau Medizin.
Jedes Kind ist anders, und es gibt sicherlich wenig allgemeingültige Regeln. Wenn wir uns jedoch unserer eigenen Ängste und Befürchtungen bewußt werden, besteht die Chance, daß wir neue Kompetenzen erwerben, unsere Jugendlichen besser verstehen und auch reale Gefahr nicht übersehen. Wir können dann die Kraft, die hinter unserer Besorgnis steht, nutzen, um unsere Präsenz zu stärken: Hier bin ich und mache mir Sorgen – bin aber auch bereit, dir zu helfen. Wir können uns dann besser in unsere Kinder hineinversetzen, ihre Probleme erkennen und vielleicht Möglichkeiten entdecken, wie wir sie unterstützen können.

Manchmal ist es sinnvoll, ein Verbot auszusprechen. „Nein, Ronja, in diesen Film gehst du nicht. Er ist ab sechszehn und du bist erst vierzehn. „Vielleicht bekommt unsere Tochter jetzt einen Wutanfall, vielleicht ist sie aber auch heimlich dankbar, daß sie vor ihren Freunden eine gute Ausrede hat und sich keine Blöße geben muß.

Manchmal ist es aber auch sinnvoll, ein Kind in einen guten Film zu schicken. Weil dieser Film die Botschaft viel klarer ausdrückt, als wir das selber könnten.

Jeanne Meijs hält Elternliebe für das größte Geschenk, das Eltern ihren Kindern in der Pubertät machen können „Der Liebe seiner Eltern begegnet der Heranwachsende in Form von Geduld, Akzeptanz, Vergebung, Toleranz, Interesse, Vertrauen und in aufbauender Kritik, aber auch in Konfrontation, Streit, Unmittelbarkeit und Wut!" (S. 242) Elternliebe baut

Brücken zum Kind und bewirkt, das man am Ende der Pubertät sein Kind nicht „verloren" hat.

Sehr eindrucksvoll ist mir auch Volker von Törne, der Dichter und langjährige Geschäftsführer der Aktion Sühnezeichen Friedensdienste in Erinnerung geblieben. Er war 1974 unser Trauzeuge und besuchte uns in Berlin öfter mit einer seiner Töchter. Wir hatten damals noch keine Kinder und waren von Anne sehr beeindruckt, besonders als sie mit grellroten Haaren, zerfetzten Jeans und interessanten Aufschriften erschien. Damals war das längst nicht so verbreitet wie heute, es war selbst in Berlin aufsehenerregend. Die Würde und Achtung jedoch, mit der der Vater seine Tochter in diesem „Aufzug" behandelte, werde ich nie vergessen.

Jeanne Meijs beschreibt in ihrem Buch einen Vater, der hoch angesehen war und sehr viel Wert auf Verläßlichkeit legte. Ausgerechnet sein Sohn jedoch fing in der Pubertät an, zu lügen und zu stehlen. Der Vater ergriff harte Maßnahmen – jedoch ohne Erfolg. „Als ich diesem Vater sagte, daß sein Sohn innerlich zu schwach sei und daß ihn das strenge väterliche Auftreten nur noch schwächer machen würde, war er sehr erstaunt. Ich bat ihn, er möchte hinter seinem Sohn stehen, statt ihm gegenüber. Mit einem solchen hilfsbereiten Vater an seiner Seite würde der Sohn sich stark fühlen. Der Vater erklärte sich bereit, den Versuch zu machen, gemeinsam mit seinem Sohn die jugendlichen Schwächen zu überwinden. Vater und Sohn entschlossen sich, in jeder freien Stunde zusammen ein Boot zu bauen. Der Vater faßte erneut Vertrauen zu seinem Kind, und allmählich entstand ein inniges Verhältnis zwischen beiden. Der Sohn schöpfte neuen Mut, und sein Selbstvertrauen in sich *wuchs täglich. Seine alten Instrumente, nämlich Lüge und Diebstahl, mit denen er sich früher beholfen hatte, waren bald vergessen."* (S. 92)

Wenn wir unseren Kindern prinzipiell vertrauen und ihnen – je nach Persönlichkeit – bestimmte Dinge zutrauen, haben sie eine sichere Basis, von der aus sie ihre Freiräume erweitern und ihre Experimente vergrößern können.

Mißtrauen wir ihnen und kontrollieren sie ständig, werden sie sehr wütend. Geht es doch in dieser Phase gerade um das Selbstständigwerden und die Eigenverantwortung! Mißtrauen führt zu Täuschung und Tarnung, erklären Unternehmensberater ihren Kunden. Geschenktes *Vertrauen dagegen fördert das Problemlösungsverhalten, die Kreativität und Eigenverantwortung.* Das ist nicht nur in großen Firmen so. In einer Familie werden uns die Heranwachsenden nur dann um Hilfe bitten, wenn sie uns auch vertrauen können. Wenn sie wissen, daß wir zu ihnen stehen und nicht mit Strafen drohen. Kinder, die das Gefühl haben, akzeptiert und geliebt zu werden, wenden sich in Notfällen an ihre Eltern. So geraten sie auch nicht in Schwierigkeiten.

Alleingelassene, bestrafte und kontrollierte Kinder können sich leicht in Probleme verstricken, weil sie keinen Ausweg sehen und keine kompetenten Berater haben. So geraten sie leicht in den Sumpf von Mißbrauch, Drogen, Angst und Gewalt.

Jeanne Meijs schreibt hierzu:

„Daß Eltern ihrem pubertierenden Kind und seiner Zukunft Mißtrauen entgegenbringen, ist zwar verständlich, aber völlig sinnlos. Während dieses Seelenabschnittes hat das Kind ein unglaubliches Bedürfnis nach Vertrauen, nach Eltern, die trotz aller

Schwierigkeiten fest daran glauben, daß sich alles zum Guten wenden wird. Ob der Jugendliche nun raucht, trinkt, sich auf sexuellem Gebiet daneben benimmt oder nur herumhängt, die Eltern sollten sich nicht irreführen lassen: Innerlich sollten sie weiterhin felsenfest davon überzeugt sein, daß er seinen Weg finden wird und daß er es schaffen wird, seine Zukunftspläne zu verwirklichen ... Natürlich gibt es immer wieder Momente, in denen die Eltern das Vertrauen in ihr Kind zu verlieren drohen, denn oft wird ihnen bang ums Herz, wenn sie sehen, was es alles tut oder vor allem auch nicht tut. Das ist nicht weiter schlimm, solange sie sich immer wieder dazu durchringen, weiterhin zu ihrem Kind zu stehen und voller Vertrauen der unbekannten Zukunft entgegenzusehen" (S. 241).

Meine Methode, Sorgen in Segen zu verwandeln, ist sicherlich nicht in jedem Fall die einzig richtige. Mir hat sie jedoch geholfen, meine Angst zu verlieren.

Wann immer ich mir Sorgen mache, schicke ich diesem Kind gute Gedanken wie: „Möge es dir gut gehen." „Mögest du glücklich sein." Ich stelle mir dann dieses Kind innerlich vor und erinnere mich an seine guten Eigenschaften und Stärken. Ich stelle mir vor, dieses Kind in goldenes Licht zu hüllen und danke seinen Schutzengeln für ihre Fürsorge.

Wird mein Kind drogensüchtig?

Die Angst vor Drogen ist weitverbreitet. Kein Wunder: Mit Drogen kann man viel Geld verdienen und Geld ist das, was in unserer Gesellschaft zählt.

Der Profit der Drogenmafia aus dem Weltdrogenhandel wird auf 15 Milliarden Dollar jährlich geschätzt; der weltweite Gesamtumsatz mit Drogen auf etwa 300 Milliarden US Dollar oder etwa 500 Milliarden DM jährlich. Allein in Deutschland liegt der jährliche Umsatz der so organisierten Kriminalität bei 100 Milliarden DM.

Drogen werden außerdem an vielen Orten angeboten. Manchmal sogar auf Spielplätzen. Außerdem sind die meisten Erwachsenen von irgend einer Droge abhängig. *In Deutschland gibt es nach einer Schätzung des Bundeskriminalamtes rund 200 000 Konsumenten illegaler Drogen, 1,4 Millionen Medikamentenabhängige, 100 000 Konsumenten von Partydrogen wie Ecstasy, 17,7 Millionen Nikotinabhängige und 2,5 Millionen Alkoholkranke.* Wir wissen, wie schwer es ist, zum Beispiel mit dem Rauchen aufzuhören – aber kaum einer redet ehrlich mit seinen Kindern darüber.

Alkohol und Kaffee sind für viele Erwachsene tägliche Drogen, die ganz selbstverständlich konsumiert werden. *Rein statistisch gesehen ist es also sehr viel wahrscheinlicher, daß Ihr Kind alkohol- oder nikotinabhängig wird als „drogensüchtig", worunter die meisten Eltern die Abhängigkeit von illegalen Drogen verstehen. Alle Drogen können gewollt oder ungewollt unmittelbar zum Tod führen.* Und wenn einige Erwachsene eine geradezu hysterische Angst vor Drogen haben, steckt sicherlich ein eigenes Ohnmachts-Gefühl dahinter. *Greifen sie nicht selber bei jeder Kleinigkeit in den Arzneimittelschrank? „36% der Eltern sind bereit, Schulschwierigkeiten ihrer Kinder mit Medikamenten zu beheben. Damit wird schon im Kindesalter ein Verhalten zur Problemlö-*

sung eingeübt, das verhängnisvoll werden kann", schreibt die Barmer Ersatzkasse (S. 13).

„Drogen sind Stoffe, die in die natürlichen Abläufe des Körpers eingreifen und Stimmungen, Gefühle und Wahrnehmungen beeinflussen. Drogen sind:
– Rauschmittel wie Haschisch, Heroin und Kokain
– Arzneimittel wie Beruhigungs- und Schmerzmittel und
– Genußmittel wie Coffein, Alkohol und Nikotin", heißt es in einer Broschüre der Barmer Ersatzkasse. „Drogen spielen seit Jahrtausenden in den verschiedensten Kulturen eine Rolle." Bei magischen, kultischen oder religiösen Handlungen benutzten Menschen pflanzliche Drogen, um die berauschende Wirkung verschiedener Pflanzen für Kontakte zur geistigen Welt zu nutzen. In unterschiedlicher Dosierung und Anwendung können solche Pflanzen sowohl heilsam als auch giftig sein. In unserer Gesellschaft gibt es legale und illegale Drogen. Und diese Unterscheidung sagt nichts, aber auch gar nichts über ihre Harmlosigkeit oder Schädlichkeit aus.

Heute werden immer mehr Drogen künstlich industriell hergestellt. Sie wirken schneller und stärker, sind daher auch gefährlicher. Solche sogenannten Designer-Drogen müssen daher besonders beobachtet werden, zumal sie sich dem strafrechtlichen Zugriff durch ständig neue Kombinationen und Erscheinungsformen leicht entziehen. Wenn Ihr Kind Drogen nimmt, lautet daher die erste Frage: Was für Drogen?

Ich glaube, daß es drei Dinge sind, die unseren Kindern helfen, nicht zu Drogen zu greifen:
ihr starkes Selbstwertgefühl,
unser Vorbild,

Feste und Rituale, die sich aus dem Alltag herausheben.

Warum ist ein starkes Selbstwertgefühl so wichtig?
Jeder weiß es von sich selbst: Wenn wir uns gut fühlen, geliebt, anerkannt und nützlich, wenn wir sinnvolle Aufgaben haben und Tätigkeiten, die uns Freude machen und deren gute Ergebnisse wir deutlich sehen, greifen wir nicht zu Drogen.

Eine starke Persönlichkeit wird nicht drogenabhängig.

Im Alter von zehn bis achtzehn sind Jugendliche besonders gefährdet, weil sie eine Menge zu bewältigen haben:

Sie müssen selbständig werden, eigene Werte entwickeln und auch Verantwortung für sich selbst übernehmen. Das wird weder in Familie, Schule noch Gesellschaft immer honoriert. Es mangelt an Vorbildern, und gelegentlich wird sogar blinder Gehorsam erwartet.

Sie sollen sich in die Geschlechterrolle einüben.
Dabei sind sie zwischen Tabus und Verboten einerseits und sexueller Freizügigkeit und Exzessivität zum Beispiel in Medien hin- und hergerissen. Auch hier mangelt es in vielen Familien an positiven Beispielen.

Sie müssen in der *Gruppe der Gleichaltrigen* Anerkennung finden, konfliktfähig sein und sich durchsetzen können. Dabei dürfen sie eigene Interessen nicht erzwingen.

All das verlangt von einem jungen Menschen enorm viel Kraft, Durchhaltevermögen und Mühe. *So gibt es zum Beispiel Cliquen, in denen jeder, der dazugehören will, „eine Tüte rauchen", sprich Canabis nehmen muß. Verbietet ein einzelner nun seinem Kind, an dieser Clique teilzunehmen, wird das Kind ausgeschlossen, verachtet und von den anderen kleingemacht.*

112

Was können Eltern aber tun?
Das allerwichtigste, so auch der Leiter einer Flensburger Drogenberatungsstelle, ist, das Gespräch nicht abzubrechen, den Kontakt mit dem Jugendlichen unbedingt zu halten. Jugendliche sind auf der Suche, auch wenn sie das Gegenteil behaupten und uns ablehnen: sie suchen auch das Gespräch und die Konfrontation mit uns und dem, was wir für Tatsachen halten. Wegsehen hilft nicht. Eltern können sich zum Beispiel mit den anderen Eltern der Clique zusammentun und gemeinsam etwas überlegen, gemeinsam handeln. Leider wird das in vielen Fällen nicht fruchtbar sein, weil – das weiß ich aus Erfahrung – etliche Eltern heutiger Jugendlicher selber kiffen oder sich so hilflos fühlen, daß sie lieber nichts tun.

Sie könnten auch die Jugendlichen zu sich nach Hause einladen und sie gemeinsam mit Ihren Sorgen konfrontieren. Sie könnten Verständnis haben, daß sie rauchen, schließlich haben Sie das früher auch gemacht, aber auch erzählen, warum und wieso Sie aufgehört haben.

Sie könnten auch die örtliche Drogenberatungsstelle aufsuchen und sich erkundigen, was die Ihnen rät. Hier in Flensburg gibt es zum Beispiel eine Gruppe für Jugendliche, die kiffen.

Als ich meinen Sohn frage, wie es kommt, daß er nicht raucht, wo das doch alle seine Freunde tun, weiß er zunächst keine Antwort. „Es ist billiger, aber das wissen ja alle. Ganz sicher auch, weil ihr auch nicht raucht. Und weil wir in der Familie oft darüber geredet haben, daß es schädlich ist."

„Meinst du denn, daß solche Fakten bei Jugendlichen zählen?" zweifle ich. „Doch, ganz bestimmt.

113

Die puren Fakten muß man wissen. Aber nicht so mit dem moralischen Zeigefinger. "

Wenn Eltern in dieser Lebensphase nicht das Gefühl vermitteln: *„Wir lieben dich, so wie du bist und auch und gerade dann, wenn du ,Fehler' begehst",* hat es der Jugendliche schwer.

Machen wir uns noch einmal deutlich, wie Selbstwertgefühl entstehen und wachsen kann. In einem Spruch heißt es treffend: Kleine Kinder brauchen Wurzeln, *große brauchen Flügel.* Wurzeln verhelfen zu Wachstum und geben die sichere Basis und das Selbstvertrauen, diese eines Tages zu verlassen und „loszufliegen". Untersuchungen haben ergeben, daß es bestimmte Faktoren sind, die ein starkes Selbstwertgefühl entstehen lassen. Wir können also jeden Tag etwas für das Selbstwertgefühl unseres Kindes tun und darauf vertrauen, daß es seinen Weg geht.

Unser eigenes Vorbild und Leben kann uns ebenfalls helfen, Vertrauen zu stärken. Mit welchen Drogen hatten wir als Jugendliche Kontakt? Wie sind wir damit umgegangen? Was hat uns geholfen, was geschadet? Ein ehrliches Gespräch darüber wird jedem Kind gut tun. Es gibt der sachlichen Aufklärung, die von Polizei und Schulen betrieben wird, eine persönliche Note. Persönliche, ehrliche Geschichten ohne erhobenen Zeigefinger sind viel glaubwürdiger und bewirken viel mehr als Statistiken, Zahlen von Drogentoten oder andere nüchterne Fakten.

Persönliche Geschichten schaffen Vertrauen.

Außerdem werden wir als Eltern jeden Tag beobachtet. Unser eigenes Verhalten im Umgang mit Drogen zählt mehr als tausend Worte. Unsere eignen Ängste und Hoffnungen machen uns glaubwürdig und vertrauenserweckend. Reden wir also darüber!

Vielleicht haben Sie selbst Probleme mit (legalen) Drogen und müssen Sie sich Hilfe holen? Auch das wäre vorbildlich für Ihr Kind und würde ihm zeigen: Jeder kann in Schwierigkeiten geraten – und jedem kann geholfen werden, diese zu überwinden.

Jeder Mensch sehnt sich nach dem Besonderen, nach einer Heraushebung aus dem Alltag. Familienfeste und Rituale sind eine gute Möglichkeit, Kinder in die Erfahrung des Besonderen hereinwachsen zu lassen. Wer ab und zu etwas Besonderes erlebt, muß es sich nicht künstlich schaffen.

„An meinem zehnten Geburtstag sind meine Eltern mit mir ganz allein Essen gegangen. Das werde ich nie vergessen", erzählt Rolf. „Meine Eltern sind eigentlich eher sparsam, und ich habe noch zwei Geschwister, die jünger sind als ich. Wenn überhaupt, sind wir höchstens mal eine Pizza essen gegangen." Diesmal aber war alles ganz anders. Rolf sollte seine besten Sachen anziehen, und die Eltern bestellten für seine kleinen Geschwister extra einen Babysitter. „Wir freuen uns so über deine Entwicklung", sagte sein Vater, „deshalb wollen wir mit dir – wo du doch jetzt zehn Jahre alt bist – zum ersten Mal in ein richtig gutes Restaurant gehen." In wunderschöner Atmosphäre in einem Schloßhof tafelten die drei dann ganz köstlich. Und immer wieder erzählten Mutter und Vater aus Rolfs Leben. Von seiner Geburt und der Aufregung darum, von seinen ersten Schritten, von seiner Erzieherin im Kindergarten, die so nett war, daß Rolf sie heiraten wollte, von der Einschulung und ...
„Ich habe mich so geehrt gefühlt wie noch nie in meinem Leben", berichtet Rolf über diesen Tag, und

zum ersten Mal habe ich deutlich und bewußt gespürt, daß meine Eltern mich wirklich lieben."

Ein ganz anderes Erlebnis hatte Lisa. Als sie dreizehn wurde, lud ihre Mutter sie und ihre beste Freundin zu einer Radtour ein. „Meine Freundin fand das ganz toll, daß meine Mutter so was macht. Wir sind den ganzen Tag, mit kurzen Pausen, Rad gefahren. Abends haben wir dann in einer Pension übernachtet. Es war einfach ein tolles Gefühl, so etwas zustande zu bringen. Und wir haben so viel erlebt!"

Woran erkennen nun Sie selbst oder Ihr Kind Abhängigkeit?

Folgende Kriterien hat die Barmer aufgestellt:

„– Sie brauchen eine bestimmte Menge des Suchtmittels, um sich wohl zu fühlen oder mit Belastungen fertig zu werden.

– Sie behaupten gegenüber anderen, weniger Suchtmittel zu konsumieren, als es tatsächlich der Fall ist.

– Sie fühlen sich außerstande, aus eigenem Antrieb mit dem Konsum aufzuhören.

– Sie leiden körperlich und seelisch, sobald Ihnen das Suchtmittel ausgeht oder Sie freiwillig darauf verzichten.

– Sie finden immer wieder neue Möglichkeiten, unbemerkt an das Suchtmittel heranzukommen.

– Sie achten darauf, daß Sie immer einen Vorrat des Suchtmittels zur Verfügung haben" (S. 19).

Und wie können Sie einem drogengefährdeten Menschen helfen?

Behandeln Sie ihn so, wie jeden, der keine Suchtmittel nimmt – schenken Sie ihm also auch Vertrauen, und hören Sie nicht auf, etwas zu erwarten und zu verlangen.

*Übernehmen Sie für ihn keine Aufgaben, die er
selbst erledigen kann und
leihen Sie ihm kein Geld.*

*So erzählte mir kürzlich ein trockener Alkoholiker,
daß ihm seine Mutter, aus Sorge, er könne sich im be-
trunkenen Zustand noch einmal auf den Weg machen,
um sich Nachschub zu holen, schon immer vorsorg-
lich eine Flasche Whiskey auf die Treppe gestellt hat.
Fehler, Versagen und Leistungsabfall in der Schule
nicht decken, sondern deutlich und klar benennen –
nichts unter den Teppich kehren.*

*Keine Vorwürfe machen, aber offen und ehrlich
mitteilen, um was Sie sich Gedanken machen, was
Sie besorgt und was Sie beobachtet haben. Stellen
Sie also die Realität so dar, wie Sie Ihnen erscheint.
Machen Sie dabei niemals den Menschen schlecht.*

Ständiges Mißtrauen kann Kinder leicht in die Dro-
gensucht führen. Ständige Kontrollen und Ängste führen zu Täuschung und Tarnung. Die Kinder fangen an
zu lügen. Wenn ich immer wieder daran denke, wie
mein Kind in die Abhängigkeit gerät, erschaffe ich
diese Realität regelrecht. Hier wirkt dann wieder das
Prinzip der selbsterfüllenden Prophezeiung.

Bewußt geschenktes Vertrauen dagegen stärkt die
Kompetenz des Kindes. Es erlebt, daß es selber für
sich und seinen Körper verantwortlich ist, aber dennoch immer um Hilfe bitten darf.

*Jeder Jugendliche experimentiert irgendwann mit
Drogen. Die allermeisten hören von selbst wieder damit auf. Sie haben eine Erfahrung gemacht – das reicht.
Erst wenn Jugendliche aus dem Gleichgewicht geraten,
von anderen Menschen abhängig sind oder zu sehr ver-
einsamen, besteht die Gefahr, daß eine Gewohnheit*

zur Sucht wird. Wenn Eltern sich in der Pubertätszeit trennen, ist es daher besonders wichtig, darauf zu achten, den liebevollen Kontakt zum Kind beizubehalten und den anderen Elternteil nicht schlecht zu machen. Das Kind bleibt ja immer Teil von ihm. „Wenn in der Familie eine freundliche Atmosphäre herrscht, greift man nicht regelmäßig zu Drogen", meint mein Sohn. Bei Lena war das durchaus nicht so. Vor und nach der Trennung ihrer Eltern war zu Hause der Teufel los. Ständig Streit – es war entsetzlich, erinnert sich Lena, als ich sie im Kinderheim kennenlerne. Aber auch als sie klein war, haben ihre Eltern wenig getan, um ihr Selbstwertgefühl zu stärken. Eher haben sie ihre Sorgen auf das Kind abgewälzt und zum Teil schreckliche Strafen verhängt. Mit 15 ist sie nach mehrmonatigem Aufenthalt in der Punk-Szene freiwillig in das Heim gezogen. Hier kifft sie heimlich, ißt verschiedene Pilze, bleibt aber immer im Kontakt zu mir, die ich sie sehr mag. Zwei der vielen Erzieher entwickeln Vertrauen und Freundschaft zu diesem jungen Mädchen. Sie interessiert sich für Pflanzen, für Tiere und Spiritualität. Sie sucht nach Gott. Sie spielt Gitarre und Didjeridoo, malt auch interessante Bilder. Sie schafft den Realschulabschluß. Mit siebzehn zieht sie aus und findet endlich einen Freund, auf den sie schon lange gewartet hat. Die beiden leben zwei Jahre zusammen, dann schafft Lena es, sich von ihm zu trennen. „Er war drogenabhängig", erzählt sie mir, „und ich konnte es nicht mehr aushalten."

In dieser Zeit nimmt Lena auch wieder Kontakt zu ihren Eltern auf. Immer, wenn die ihr Vorwürfe machen, bricht sie ihn wieder ab. Als sie sich von ihrem Freund trennt, kommt ihre Mutter spontan, um ihr zu helfen. Das hat ihr gut getan.

Jetzt macht Lena das Abitur nach und möchte
Heilpraktikerin werden.
„Wie schafft man es, mit Drogen wieder aufzuhö-
ren?" frage ich meinen Sohn.
Er antwortet: „Wenn man im Leben Erfüllung fin-
det."

Für ein Kind

Ich habe für dich gebetet. So nimm von der Sonne und
geh.
Die Bäume werden belaubt sein.
Ich habe den Blüten gesagt, sie mögen dich schmük-
ken.

Kommst du zum Strom, da wartet ein Fährmann.
Zur Nacht läutet sein Herz übers Wasser.
Sein Boot hat goldene Planken, das trägt dich.

Die Ufer werden bewohnt sein.
Ich habe den Menschen gesagt, sie mögen dich lieben.
Es wird dir einer begegnen, der hat mich gehört.

Günter Bruno Fuchs.

(aus: Andresen/Wiesmüller: Im Mondlicht wächst
das Gras. Gedichte für Kinder und alle im Haus, Ra-
vensburger Verlag 1991)

IV. Vertrauen lernen

Spirituelle Intelligenz – wie wir sie fördern und wie sie uns hilft

Auf den folgenden Seiten finden sie verschiedene Anregungen und Übungen. Sie alle fördern unsere spirituelle Intelligenz. Das ist die Fähigkeit, grundlegende und letzte Fragen zu stellen, auf Situationen einzuwirken und sie zu lenken. Spirituelle Intelligenz erweitert unsere Grenzen, indem sie Zerrissenes zusammenfügt und mit unserer Vorstellungskraft neue Realitäten schafft. Spirituelle Intelligenz beruht auf Einheit stiftendem Denken und ergänzt unser logisches, rationales und emotionsgeleitetes Denken um eine wichtige Qualität. Sie befähigt uns, mit existenziellen Problemen wie Krankheit und Trauer fertig zu werden, läßt uns zum Kern der Dinge vordringen, zur Einheit hinter dem Unterschied. Deshalb ist spirituelle Intelligenz auch die Kraft, die uns helfen kann, Vertrauen zu lernen und Problemen mit Zuversicht zu begegnen. Wir alle haben diese Fähigkeiten, und Wissenschaftler haben sie sogar im Gehirn als „God spot" geortet. Es gibt ein spirituelles Zentrum unter neuronalen Verbindungen in den Temporallappen des Gehirns. „Der God spot ist kein Beweis für die Existenz Gottes, aber er zeigt, daß das Gehirn sich dahin entwickelt hat, ‚letzte Fragen' zu stellen, eine Sensibilität für einen umfassenderen Sinn und Wert zu haben und sie zu nutzen" (Zohar/ Marshall S. 20). In unserer Kultur wurde spirituelle Intelligenz bisher nicht gerade gefördert. Sie ist vielmehr von Zweckdenken, Selbstbezogenheit und Sinnentleertheit gekennzeichnet. Wir leiden an einem Mangel an Vorstellungsvermögen und Wertschätzung menschlicher Qualitäten. Ich glaube jedoch, daß im neuen Jahrtausend viele Menschen erkennen, daß es sich lohnt, sich von Visionen und Werten inspirieren zu lassen und zusammenzufügen, was getrennt wurde. Kinder weisen ein hohes Maß an spiritueller Intelligenz auf. Sie fragen nach dem Warum, möchten wissen, wer sie sind, warum sie geboren wurden, woher die Welt kommt und wie Leben entsteht. Ich habe auch oft beobachtet, daß Kinder eine Vorstellung von ihrem zukünftigen Leben haben, eine Art innere Richtschnur, die dann meistens in der Schulzeit und den Zwängen des Lebens verlorengeht, um eines Tages wieder aufzutauchen und ihr Recht zu fordern. Diese Tatsache könnte uns Erwachsenen helfen, Kindern mehr zu vertrauen und ihnen auch zuzutrauen, die verschlüsselte Botschaft, die sie nach Kierkegaard mit auf die Welt gebracht haben, zu entschlüsseln und ihr Lebensziel zu erreichen.

Indem wir auf unsere spirituelle Intelligenz bauen, könnten wir vertrauen, daß jedes Kind in seinem Inneren weiß, was es hier auf der Erde will und die Kraft hat, diesen Plan zu leben. Wir müssen unsere Kinder dann nicht erziehen, d. h. sie in eine Richtung zerren, sondern ihnen helfen, sich zu ent- wickeln, so wie es ihr göttlicher Plan vorsieht.

Spiritualität ist an keine bestimmte Religion gebunden.

„Ein Mensch mit hohem SQ kann jede Religion praktizieren, doch wird er es ohne Enge, Ausschließlichkeit, Bigotterie und Vorurteile tun. Und genau so kann ein Mensch mit hohem SQ ausgeprägte spirituelle Qualitäten haben, ohne in irgend einer Weise religiös zu sein" (dies. S. 23).

Auch die Vorschläge, die Sie in diesem Buch finden, entstammen nicht einer einzigen Religion. Meine Eltern haben mich christlich erzogen, und die Kirche hat mir in einigen entscheidenden Lebenskrisen geholfen. Wenn ich eine Kirche betrete, ist das wie „nach Hause kommen". Dennoch hatte ich in meinem Leben eine längere „atheistische Phase" und habe erst über das Praktizieren von Yoga zu Gott oder den Göttinnen und Göttern des Hinduismus zurückgefunden. Auch habe ich aus der buddhistischen Meditationspraxis viel gelernt und mich von ihren großen Weisheitslehrern inspirieren lassen. Wenn ich sterbe, möchte ich auf dem alten Friedhof neben der Dorfkirche begraben werden. Und ich habe Vertrauen, daß es genau so gut ist.

Schritt für Schritt vertrauen

Erinnern Sie sich an das Glück, ein kleines Kind beim Laufenlernen zu beobachten? Es fällt sehr oft hin – und steht immer wieder auf. Niemals käme es auf die Idee, sein Fallen als Mißerfolg zu werten oder das Vertrauen in seine Fähigkeiten zu verlieren. Es steht einfach auf und läuft weiter.

 Wenn Sie morgens aufstehen, versuchen Sie einmal, ihre Füße ganz bewußt auf den Boden zu setzen. Vertrauen Sie der Erde ganz bewußt Ihr Gewicht an. Denken Sie dabei oder sprechen Sie laut: *Ich vertraue dir, Mutter Erde.* Gehen Sie so ganz bewußt einige Schritte, und wiederholen Sie den Satz immer wieder, und spüren Sie, wie die Erde Sie trägt. In dem Maße, wie wir unsere Füße auf dem Fußboden spüren, sie dort gleichsam einlassen, in dem Maße erfahren wir auch das Getragen-Sein. Wir erkennen, daß wir uns gar nicht selbst halten, sondern *getragen sind* im tiefsten Sinn des Wortes, auf allen Ebenen.

Mother I feel you
Under my feet
Mother I feel you
Under my feet
Mother, I feel your heart beam
Mother, I feel your heart beam.

Indianischer Chant

Positive Bilder erschaffen

 Wenn wir uns Sorgen machen, sehen wir negative Bilder vor unserem inneren Auge. Diese Bilder machen uns angst. Schauen Sie sich das furchterregende Bild in Ruhe an. Fragen Sie sich, ob Sie irgend etwas daraus lernen können. Versprechen Sie Ihrem inneren Angstmacher, die Warnung ernst zu nehmen und, wenn das möglich ist, eine konkrete Handlung daraus folgen zu lassen. Nehmen wir einmal an, Ihr inneres Bild zeigt Ihre Tochter, die mit dem Fahrrad verunglückt ist. Sie sehen Blut und ängstigen sich furchtbar. Die Warnung könnte darin bestehen, Ihrer Tochter einen Fahrradhelm zu kaufen oder sie daran zu erinnern, diesen zu tragen. Sie könnten mit ihr auch noch einmal eine gefahrenarme Strecke mit Radwegen durchsprechen oder entscheiden, daß Sie sie heute, weil es so regnet, mit dem Auto fahren. In vielen Fällen werden Sie jedoch nichts weiter tun können als zu vertrauen. Und das ist viel.

Ersetzen Sie dann das negative Bild durch ein positives. Beobachten Sie vor Ihrem inneren Auge, wie Ihre Tochter fröhlich radelt und Ihnen vielleicht sogar zuwinkt. Erschaffen Sie dieses Bild groß und farbig vor Ihrem inneren Auge und lächeln Sie im Geiste Ihrer Tochter zu. Senden Sie ihr ein schützendes Licht in einer passenden Farbe, und schicken Sie ihr gute Wünsche.

Bedanken Sie sich bei ihrem Schutzengel, und freuen Sie sich über seine Kraft.

Wenn Ihr Kind eine wichtige Arbeit schreibt oder operiert wird: Stellen Sie sich den guten Ausgang und den Erfolg groß und farbig vor. Hüllen Sie Ihr Kind in ein stärkendes, schützendes Licht und vertrauen Sie es dem Schutz guter Mächte an. Projizieren Sie ein positives Bild auf ihre große geistige Leinwand, und vertrauen Sie ganz und gar der Macht positiver Vorstellungen.

Tagebuch schreiben

 Wenn Sie über das Zusammenleben mit Ihren Kindern, Ihre Ängste und Sorgen, Ihre Freuden, Sehnsüchte und erfüllten Wünsche ab und zu Aufzeichnungen machen, können Sie nach einigen Monaten feststellen, daß sich vieles zum Guten entwickelt hat. Vielleicht entdecken Sie auch, daß sie auf der Stelle treten und entscheiden sich dann, Hilfe von Freunden oder Profis in Anspruch zu nehmen. Tagebuchschreiben und Schreiben allgemein ist im übrigen eine sehr geeignete Methode für Mütter kleiner Kinder. Man kann es zu Hause erledigen, während die Kinder spielen oder einem ein Säugling quer über den Knien liegt. Genau so begann meine „schriftstellerische Karriere".

Tagebuchschreiben hilft uns, den roten Faden zu erkennen und das eigene Wachstum und das unseres Kindes zu verfolgen.

Vor jedem Schreiben empfiehlt es sich, eine kleine Meditation vorzunehmen. Setzen Sie sich dazu entspannt hin, während ihre beiden Füße auf dem Boden stehen. Fangen Sie an, auf Ihren Atem zu achten, wie er kommt und geht, ganz von allein ... Spüren Sie nach, welches Erlebnis Sie heute besonders beschäftigt hat, und schreiben Sie es auf, nachdem Sie es zunächst im stillen wahrgenommen haben.

Eine andere Schreibübung könnte darin bestehen, sich Ihr Leben und das Ihrer Kinder in fünf oder zehn Jahren auszumalen. Auf diese Weise gewinnt Ihre Zuversicht konkrete Gestalt. Indem Sie heute Ihre Zukunft beschreiben, legen Sie den Samen für künftige Ereignisse in die Erde: Wünsche, Hoffnungen, Visionen, Träume.

Bildertagebuch

 Vielleicht schreiben Sie nicht gern. Dann sollten Sie es einmal mit dem Bildertagebuch versuchen. Stellen Sie sich aus Tonpapier ein großformatiges „Buch" selber her, indem Sie – wann immer Sie das Bedürfnis haben – eine Seite gestalten. Sie kleben, malen oder kritzeln auf diese Seite ihre Erlebnisse, indem Sie sich Symbole suchen, aus Illustrierten ausschneiden oder selber gestalten. Erlaubt ist alles, was gefällt. Auch Fotos aus Ihrem Familienalltag zum Beispiel könnten hineingeklebt und gegebenenfalls verändert, ergänzt oder umgestaltet werden.
Eine andere Möglichkeit ist die, in regelmäßigen Abständen Mandalas zu malen. Also Bilder, die aus einem Punkt herausentwickelt oder in einen Kreis hineingemalt werden. Vielleicht wollen Sie zu Anfang vorgefertigte Mandalas benutzen. Später werden Sie eigene Mandalas gestalten und über die unendliche Fülle an Möglichkeiten staunen.

Morgenseiten

 Julia Cameron, eine bekannte amerikanische Kreativitäts-Trainerin, empfiehlt ihren Seminarteilnehmern das Schreiben von Morgenseiten. Ich habe es selber ausprobiert und festgestellt, daß es eine sehr interessante und hilfreiche Methode ist. Sie bewirkt nicht nur, daß ihre Schaffenskraft inspiriert wird, sondern auch, daß ihr Selbst- Vertrauen wächst. Im Gegensatz zum Tagebuchschreiben geht es bei den Morgenseiten nicht um Reflektion, um Gedanken oder chronologische Abfolgen, sondern um das, was uns am Morgen, noch halb schlafend, durch den Kopf geht – spontan und unüberlegt. Wir benötigen ein Heft in DIN A4-Größe und einen Stift und fangen morgens, gleich nach dem Aufstehen oder noch im Bett an, drei DIN A4-Seiten vollzuschreiben. Mit allem, was Sie gerade fühlen, denken und empfinden. Das können ganz banale, ordinäre oder langweilige Sachen sein, egal – alles wird aufgeschrieben. Niemand außer Ihnen selbst darf die Morgenseiten lesen, und auch für Sie ist es erst nach einigen Wochen interessant, den Text nach einem roten Faden, sich wiederholenden Themen oder interessanten Hinweisen durchzuforsten. Morgenseiten sind sozusagen ein Kreativitäts-Pool, eine Schatzkiste, in der Sie hin und wieder nach Gold und Diamanten suchen dürfen. Es ist Ihr eigener Schatz – und wenn Sie den entdeckt haben, werden Sie dem Leben vertrauen.

Vertrauen Sie Ihren Träumen

 Unsere Träume geben uns wichtige Hinweise auf unser Leben, unsere Ängste und Probleme. Indem wir unsere Träume regelmäßig aufschreiben und uns mit ihnen beschäftigen, erhalten wir wertvolle Hinweise, die uns auch helfen können, Probleme mit unseren Kindern in neuem Licht zu sehen und Vertrauen wachsen zu lassen. Wir sollten unsere Träume dabei jedoch nicht deuten wollen im Sinne von: das bedeutet ..., sondern sie eher nacherleben. Wir sollten noch einmal spüren, welche Gefühle der Traum in uns weckt.

So könnten Sie den Traum in Ruhe noch einmal erinnern und spüren, welche Saite er in Ihnen zum Klingen bringt, welche Gefühle und Stimmungen durch ihn hervorgerufen wurden.

Eine andere Methode besteht darin, alle Traumsymbole untereinander aufschreiben und ihre eigenen Assoziationen anfügen.

Kleines Kind: niedlich, Kindheit, verletzlich, Neugier

See: Schönheit, Gefühle, Klarheit

Wenn ein Traum Sie beunruhigt, sollten Sie mit jemandem darüber reden, zum Beispiel mit Ihrer Freundin oder Ihrem Partner. Wenn das nicht weiterbringt, können Sie einen mit Träumen erfahrenen Menschen aufsuchen. Es werden auch oft Traumseminare angeboten.

Schwangere Frauen haben immer mindestens einen Traum, der sich um die Geburt des Kindes dreht. Man sagt sogar, daß eine Geburt leichter wird, wenn man einen schrecklichen Traum darüber hatte. Dann nämlich hat sich das Unbewußte mit den eigenen Ängsten auseinandergesetzt und kann sie loslassen.

Vielleicht haben Sie auch Lust, mit anderen Müttern oder Vätern über Ihre Träume zu reden und eine eigene Traumgruppe zu gründen. Es kann sehr anregend sein, eine Gruppe zu haben, in der man regelmäßig Träume bespricht.

Niemals sollten Sie sich durch Träume verängstigen lassen oder auf Menschen hören, die hundertprozentig zu wissen glauben, was ein Traum bedeutet. Nur Sie selbst haben Zugang zu Ihrem Traum, und nur Sie selbst können einer möglichen Interpretation zustimmen.

Als mein jüngster Sohn ungefähr zehn Jahre alt war, träumte ich einmal einen schrecklichen Traum, in dem ich ihn ertrinken sah. Natürlich hat mich dieser Traum sehr beunruhigt, und ich habe ihn in einer Gruppe besprochen. Ich habe diesen Traum für mich dann auf zweierlei Weise gedeutet: Zum einen machte ich mir Sorgen, weil Simon zu diesem Zeitpunkt noch nicht besonders gut schwimmen konnte. Also sorgte ich dafür, daß er besser schwimmen lernte. Zum anderen wurde mir deutlich, daß mein Sohn ein sehr gefühlvoller Mensch ist. Wasser steht im Traum oft für Gefühle. Als Junge und werdender Mann ist es nicht gerade einfach, sensibel und gefühlvoll zu sein. Ich besprach mit meinem Mann, wie wichtig es ist, Simons Gefühle zu stärken und ihm Möglichkeit zu geben, sie auszudrücken. Er bekam ein Klavier, das er sich lange gewünscht hatte. Außerdem versuchten wir, im Umgang mit ihm besonders achtsam zu sein.

In Familien kann es ein schönes Ritual sein, sich am Morgen die Träume mitzuteilen. Indem sie einander zuhören und ihre Träume achten und beachten, werden Sie sich besser verstehen lernen. Auch dadurch wird das Vertrauen wachsen.

Vertrauen Sie der Natur als Lehrerin

 In der Natur gibt es weder Sorgen noch Mißerfolge. Für Pflanzen und Tiere ist es selbstverständlich, daß die Sonne scheint, daß es regnet und daß es so gut ist, wie es ist. Die Natur ist voller Versprechen. Sie verspricht nicht nur den Frühling nach jedem Winter, sondern auch Schönheit und Erfüllung, Wachstum, Fülle und Kraft. Dieses Versprechen ist auch in unseren Zellen lebendig, wenn wir es nicht durch Negativität und Destruktivität verhindern. Niemand kann uns besser Vertrauen lehren als die Natur. Gehen Sie daher so oft wie möglich ganz bewußt hinaus zu dieser Lehrmeisterin. Begegnen Sie ihr mit Achtsamkeit. Beobachten

Sie, wie sich Pflanzen aus der Erde hinausbewegen und wieder in sie zurückziehen. Erleben Sie, wie sich eine Blüte öffnet und schließt oder wie Wildgänse im Keil fliegen und ihrer Anführerin vertrauen. Was aber ist mit dem kleinen Spatz, der aus dem Nest fiel und jetzt tot auf dem Pflaster liegt, werden Sie vielleicht einwenden. Und warum wurde der Baum gefällt, den ich so liebte? Was wäre, wenn sich der kleine Spatz geopfert hat, damit Ihr Kind Mitgefühl entwickeln kann? Damit wir Trauer erleben dürfen? Damit wir das Leben achten und wertschätzen? Was wäre, wenn der Baum gefällt wurde, damit wir uns für andere Bäume einsetzen, weil wir ihren Segen zu schätzen gelernt haben? Damit wir Mitgefühl für unsere grünen Brüder erleben? Ereignisse in der Natur, die uns traurig machen, können unser Vertrauen stärken, das hinter jedem Ereignis eine liebende Kraft steht, die uns hilft, Erfahrungen zu machen und uns an das zu erinnern, was wir uns einmal vorgenommen haben.

Erfahrungen in der Natur können uns helfen, das Gefühl der Einheit mit allem zu erleben und in diesem Moment jede Angst zu verlieren.

Sabine erzählt mir, daß sie im Wald jede Angst verliert. „Es ist, als ob ich in einen Tempel gehe. Von allen Seiten wird mir Vertrauen eingeflößt, von allen Seiten wird mir gezeigt: Vertraue dem Leben, es hört nie auf."

Während ich dieses Buch zum Abschluß brachte, hatte ich ein besonders schönes Erlebnis.

Meine Tochter hatte eine junge Katze geschenkt bekommen. Wir wollten sie sterilisieren lassen, aber der Tierarzt meinte, sie sollte noch ein wenig wachsen. Als dann der vorgeschlagene Sterilisationstermin nahte, stellten wir fest, daß sie trächtig war. Eines Tages rief meine Tochter mich aus der Schule an, ob sie drei Freundinnen mit nach Hause bringen könnte. Ich hatte nichts dagegen. Die vier Mädchen hatten einen wunderschönen Nachmittag draußen, im Sonnenschein. Als sie gerade von einem selbstinszenierten Picknick ins Haus kamen, maunzte die kleine Katze auffällig und suchte unsere Nähe. Ich dachte, sie hätte Hunger und wollte sie zum Futternapf tragen, bemerkte dann aber Feuchtigkeit und einen Teil der Fruchtblase, die schon sichtbar war. Ich rief die Mädchen herbei, meine Tochter holte den vorbereiteten Karton, und die kleine Katze gebar vor den Augen von vier mitfühlenden Mädchen unter ziemlichen Mühen fünf gesunde entzückende Kätzchen. Für mich war es ein Geschenk zu beobachten, wie die Mädchen die Katze unterstützten, ihr gut zuredeten, sie streichelten, ihr Anweisungen gaben und nicht müde wurden, den gesamten Geburtsprozeß, die Abnabelung, das Fressen der Nachgeburt und das Lecken und Säugen der Jungen mitanzusehen. Sie benahmen sich wie geübte Hebammen. Sie zitterten mit jedem Tierchen, ob es gelänge, sich aus der Fruchtblase zu befreien, zu atmen und sich zu bewegen. Sie spornten sie an. Sie redeten ihnen gut zu. Dreieinhalb Stunden lang! Ich glaube, dieses Erlebnis hat das Vertrauen in die Natur und in ihren eigenen Körper wachsen lassen. Wer eine Katzengeburt so hautnah miterlebt hat, wird auch das eigene Geburtserlebnis besser verstehen und vertrauensvoll durchleben können.

Vertrauen durch Gebete lernen

 Wir können Gott alles anvertrauen, mit ihm reden. Wenn Ihnen der Name Gott nicht gefällt, können Sie ihn ohne weiteres durch Universum, Kosmos, großer Geist, allumfassendes Bewußtsein oder Alles-was-ist ersetzen. Gott hat viele Namen. Suchen Sie den aus, der für Sie paßt.
Sie können das „Vater unser", den 23. Psalm oder andere vorgefertigte Gebete benutzen. Es ist zweckmäßig, einige Gebete auswendig zu können. Wenn Sie nämlich einmal in eine Situation kommen, in der Sie panische Angst haben, fehlen Ihnen vielleicht die Worte. Ein Gebet, daß man in- und auswendig kann, fällt einem jedoch immer wieder ein.

Der Herr ist mein Hirte
Mir wird nichts mangeln.
Er weidet mich auf einer grünen Aue

Und führet mich zum frischen Wasser.
Und ob ich schon wanderte im finsteren Tal
Fürchte ich kein Unglück.
Dein Stecken und Stab trösten mich.
Du bereitest vor mir einen Tisch
Im Angesicht meiner Feinde.
Du salbest mein Haupt mit Öl
Und schenkst mir voll ein.
Gutes und Barmherzigkeit
Werden mir folgen ein Leben lang,
Und ich werde bleiben im Hause des Herrn
immerdar.

Natürlich können Sie immer auch in Ihrer eigenen Sprache, mit ihren eigenen Worten beten.
Sie können Ihre Gebete durch Gesten und Haltungen unterstützen, wenn Sie das möchten. Manche Menschen breiten für Bittgebete die Hände nach oben aus oder wenden die Handschalen nach oben. Demut drücken wir aus, indem wir uns zur Erde neigen, auf die Erde legen oder die Erde berühren.
Für Dankgebete können wir symbolische oder tatsächliche Opfer bringen, z. B. indem wir ein Mandala auf die Erde legen oder einen Geldbetrag auf ein Spendenkonto überweisen.
Das einzige, was beim Beten wirklich zählt, ist, daß es von Herzen kommt, ehrlich und innig ist. Gott macht uns keine Vorschriften, wie wir zu beten haben.
Gebete sind Gespräche mit Gott. Wir erkennen dadurch an, daß es Mächte gibt, die grö-

ßer sind als alle Vernunft. Wir wenden uns an eine geistige Welt hinter der uns vertrauten Realität. Dort gibt es für alle Probleme Rat und für jeden von uns Hilfe. Wir können für etwas Bestimmtes beten. Wir können jedoch auch Gott bitten, alles für uns zu regeln. Wir beten dann: Dein Wille geschehe. Wir können den guten Mächten auch unser Kind ganz und gar anvertrauen, es sozusagen symbolisch in die Arme Gottes legen. Gebete ohne Worte sind Meditation. Wir bitten dann um nichts, sondern werden still, um Gott zu lauschen und uns mit ihm zu verbinden.

Bitte um Schutz und Führung

 Setzen Sie sich in den Schneidersitz oder nehmen Sie eine andere für Sie bequeme Sitzhaltung ein. Legen Sie Ihre rechte Hand auf das Herz-Chakra in der Mitte zwischen den Brüsten, öffnen Sie die linke Hand nach oben. Sie liegt auf dem Knie oder dem Oberschenkel. Verharren Sie ruhig ungefähr zwanzig Minuten in dieser Stellung und bitten Sie dabei um Schutz und Führung. Diese spezielle Haltung hat sich besonders bewährt.
Sie können jedoch in jeder Haltung und an jedem Ort um Schutz und Führung bitten. Wenn Sie daran glauben, daß es möglich ist, im Leben geschützt und geführt zu werden, wie ich es selber sehr oft erlebt habe, wird

sich in Ihrem Leben etwas verändern. Sie werden Schutz und Führung täglich deutlich wahrnehmen.

Das Sonnengebet

 Der Sonnengruß oder das Sonnengebet ist eine uralte Übung aus dem Hatha-Yoga. Ich kenne kein anderes Gebet, das mir so wirksam hilft, die Kräfte der Erde und des Himmels zu spüren, aus ihnen Kraft für den Tag zu schöpfen, zu danken und zu vertrauen.
Es gibt verschiedene Varianten dieser Übung. Dies ist meine recht einfache Version.
1. Stellen Sie sich dazu mit dem Blick auf die Sonne aufrecht und locker hin. Die Arme sind neben dem Körper. Während Sie atmen, nehmen Sie Ihren Stand wahr und spüren, wie sich Ihr Körper jetzt anfühlt.
2. Legen Sie dann die Handflächen vor der Brust aneinander. Führen Sie einatmend die Arme nach oben, beugen Sie sich in die leichte Rückbeuge und lassen Sie sich ausatmend nach vorn aushängen, in der Rumpfbeuge.
3. Setzen Sie das linke Knie auf den Boden und breiten Sie einatmend beide Arme zu den Seiten aus, die Heldhaltung.
4. Stützen Sie ausatmend beide Handflächen auf die Erde, stellen Sie beide Füße nebeneinander nach hinten und drücken Sie das Gesäß nach oben in die Hund-Haltung.

5. Lassen Sie sich einatmend auf die Knie sinken und kommen Sie in die Bauchlage. Legen Sie die Stirn an den Boden und atmen Sie aus. Die Handflächen liegen neben den Schultern und zeigen nach unten.

6. Richten Sie sich einatmend auf in die Kobra, indem Sie Kopf und Schultergürtel heben, ohne sich mit den Händen abzustützen.

7. Stützen Sie sich mit den Händen ab und kommen Sie ausatmend in den Hund.

8. Setzen Sie das rechte Knie auf den Boden und kommen Sie einatmend in die Held-Haltung.

9. Stützen Sie sich mit beiden Händen ab und kommen in die Rumpfbeuge, indem Sie die Hände vom Boden lösen und sich ausatmend aushängen lassen.

10. Kommen Sie einatmend in die Ausgangspositionen mit aneinandergelegten Handflächen im Stand.

Wiederholen Sie den Sonnengruß mindestens drei Mal.

Wie Gebete wirken

Alle Gebete werden erhört. Das bedeutet nicht, daß das, was wir uns gewünscht haben, gleich in Erfüllung geht. Nach einem innigen Gebet geht es uns aber immer besser, und nicht selten erleben wir kleine oder große Wunder.

In Amerika, wo man sehr praktisch orientiert ist, wurden Gebete vielfach wissenschaftlich untersucht. In seinem Buch „Heilende Worte" hat der Arzt und Internist Dossey die Ergebnisse vieler dieser Untersuchungen zusammengefaßt und festgestellt, daß Gebete erheblich zum Gesundwerden von Kranken beitragen. Gebete wirken sogar auf Viren und Bakterien.

Ähnlich wie wir mit unseren Gedanken Realität schaffen und wie positive und freudige Gedanken Gesundheit hervorrufen, wirken auch Gebete.

Norman Vincent Peale beschreibt, wie er als Theologe an das Bett einer Kranken gerufen wurde. Der herbeigeeilte Arzt hatte alles getan, was er tun konnte. Jetzt saß er gemeinsam mit Peale am Bett, betete gemeinsam mit ihm und redete über Gott und seine heilende Kraft. Die Patientin dämmerte vor sich hin, lächelte einmal, jedoch waren die beiden sicher, daß das Gespräch ihr Bewußtsein erreichte. Nach ungefähr einer Stunde sagte der Arzt: „Die Krise ist vorüber. Sie wird gesund werden." Und so geschah es.

Für Peale war dies ein Wendepunkt in seinem Leben. Zuvor hatte er nicht geglaubt, daß Gebete und Zuversicht auch bei körperlichen Krankheiten wirken (vgl. Peale, Leben kann Freude sein S. 100 f). Er zitiert einen anderen Arzt der sagt: „Viele Patienten wären gesund, wenn sie beten und glauben würden. Vielen meiner leidenden Patienten würde es gutgehen, wenn sie Gottvertrauen hätten" (ebenda S. 105).

Wie soll ich beten?

Beten Sie, wie Sie wollen. Ich bete jeden Morgen an einem Baum im Wald und bin sicher, daß Gott nichts dagegen hat. Weder der Ort noch die Art und Weise ist entscheidend. Wichtig ist jedoch unsere Sammlung und Konzentration.

Sie können beim Abwaschen beten, wenn es Ihnen gelingt, sich wirklich auf Gott zu konzentrieren. Vielen Menschen fällt es in Kirchen oder an anderen heiligen Plätzen leichter, sich ganz auf das Gebet einzulassen. Sie sind dann frei von Ablenkungen und an einem Ort, an dem die Gegenwart Gottes leichter zu spüren ist.

Das tägliche Gebet zu Hause kann jedoch genauso wirkungsvoll sein.

Natürlich können wir Gott um bestimmte Anliegen bitten. Wir können jedoch auch ein Kind, um das wir uns sorgen, Gott anvertrauen. Indem wir unsere derzeitige Ratlosigkeit bekennen und um Ideen oder Lösungen bitten, werden wir Hilfe erfahren.

Wenn wir uns über unsere Kinder oder andere Menschen geärgert haben oder wenn wir gar angefangen haben, jemanden zu hassen, ist es hilfreich, Gott um friedliche Gedanken, um innere Ruhe und die Kraft des Verzeihens zu bitten. Sie werden überrascht sein, wie schnell solche Gebete wirken, wenn Sie es einmal ausprobieren.

Wenn Sie ganz große Probleme haben und das Gefühl, allein nichts bewirken zu können, beten Sie gemeinsam in einer Gruppe. Das können auch Familienangehörige sein. Gruppengebete sind besonders intensiv, weil sich die Energie mehrerer Menschen einen gemeinsamen Weg sucht.

Sie kennen so eine Gruppe nicht? Erkundigen Sie sich in Ihrer Kirchengemeinde, reden Sie mit Freunden, oder gründen Sie selber eine Gruppe, die sich mit der Wirksamkeit von Gebeten beschäftigen will.

Mudras

Mudras sind bestimmte Haltungen der Hände und Finger, die die körpereigene Energie auf besondere Weise fließen lassen und bestimmte Prozesse unterstützen. Streng genommen bedeutet Mudra jedoch auch Symbol, Siegel oder Geste. Es gibt aber auch Augenstellungen, Körperhaltungen und Atemtechniken, die als Mudras bezeichnet werden. Wenn Sie zum Beispiel die Heldhaltung, die ich beim Sonnengebet (S. 136) beschrieben habe, einnehmen, werden Sie sich auch stark und selbstbewußt fühlen – eben wie ein Held.

Wer oft und voller Inbrunst eine Geste der Furchtlosigkeit macht, wird sich auch bald furchtlos fühlen. Körper und Geist kommunizieren miteinander. Die Wirkung besteht darin, das jeder Bereich der Hand eine Reflexzone für einen zugehörigen Teil des Körpers und des Gehirns bildet. Das ist eine Erklärung. Letztendlich wird man das Geheimnis jedoch nie völlig verstehen können.

Die Hände bilden gewissermaßen einen Spiegel für Körper und Geist. Wer einmal das Glück hatte, indischen Tanz anzuschauen, wird jetzt besser verstehen, warum die grazilen Handbewegungen der Tänzerinnen uns so tief berühren.

Mudras sind uns aus dem Yoga, der ältesten Lehre vom Leben, bekannt. Alle Völker haben jedoch Gesten und Haltungen entwickelt, mit denen sie die Götter anriefen, ihnen dankten oder um Hilfe baten. Auch im Buddhismus spielen Mudras eine große Rolle. Auf Götterstatuen oder Abbildungen können Sie die Mudras beobachten. Letztendlich ist ihre Herkunft jedoch unbekannt.

Die Wirkung der Mudras können Sie täglich selber ausprobieren.

Nehmen Sie eine aufrechte Haltung im Sitzen ein.

Legen Sie Ihren Daumen – Symbol für das kosmische Bewußtsein – an die Spitze ihres Zeigefingers, der das menschliche Bewußtsein symbolisiert. Verharren Sie zwanzig Minuten in dieser Haltung, und spüren Sie ihrer Wirkung nach.

Mudras können auch im Liegen, Stehen oder Gehen eingenommen werden. Jede ausgeglichene, meditative Stimmung ist geeignet, mit Mudras zu experimentieren.

Ganesha-Mudra
Ganesha ist der indische Elefantengott, der hilft, Hindernisse zu überwinden und Probleme zu beseitigen.

Legen Sie Ihre linke Hand mit der Handinnenfläche nach außen zwischen die Brüste. Krümmen Sie die Finger und greifen Sie mit der rechten Hand, deren Handinnenfläche zur Brust zeigt und deren Finger gekrümmt sind, hinein.

Atmen Sie aus und ziehen Sie die Hände kräftig auseinander, verharren dabei in der Stellung. Lockern Sie die Haltung während der Einatmung und wiederholen Sie diese Übung sechsmal. Legen Sie nun beide Hände übereinander über das Brustbein und spüren Sie nach.

Anschließend wiederholen Sie das Ganze, während die rechte Handinnenfläche nach außen zeigt und die linke nach innen.

Verharren Sie beim Nachspüren noch eine Weile still.
Visualisieren Sie während der gesamten Übung die Farbe Rot in verschiedenen Schattierungen und sagen Sie zu sich selbst:
Offen, mutig und beherzt werde ich meine Probleme lösen und meinen Mitmenschen begegnen.

Prithivi-Mudra oder Erd- und Erdungs-Mudra
Dieses Mudra hilft, Gleichgewicht, Selbstsicherheit und Vertrauen herzustellen. Es aktiviert das Wurzelchakra und hilft, uns mit der Erdkraft zu verbinden.

Legen Sie die Spitze von Daumen und Ringfinger jeder Hand mit leichtem Druck aneinander, während sie die anderen Finger strecken: Halten Sie das Mudra ungefähr 15 Minuten lang. Sagen Sie zu sich selbst:
Die Erde schenkt mir Halt, Zuversicht und Vertrauen.

Mushti-Mudra
Faust

Dieses Mudra kennt jeder. Ballen Sie die Fäuste 15 Minuten lang. Und atmen Sie dabei tief aus – die Einatmung geschieht von selbst.
Es wird ihnen helfen, Aggressionen wahrzunehmen und eigene Ängste zu überwinden. Sagen Sie zu sich selbst:
Ich bin ruhig und gelassen.

Atmanjali-Mudra
Mudra des Gebetes

 Heben Sie beide Arme und strecken Sie sie mit den Handflächen nach oben zum Himmel. Mit dieser Geste haben schon unsere Vorfahren den Kontakt zu ihren Göttern gefunden. Legen Sie nun beide Handflächen vor dem Herzchakra – also zwischen den Brüsten – aneinander. Zwischen den Handflächen sollte ein kleiner Hohlraum sein. Spüren Sie die Ruhe, die Stille, die Kraft und den Frieden, der jetzt in Sie einziehen kann. Sie können jetzt eine Bitte aussprechen oder für etwas danken.

Vajrapradama-Mudra
Geste des unerschütterlichen Vertrauens

 Heben Sie Ihre nach innen gerichteten Handflächen vor die Brust, spreizen Sie die Finger und kreuzen Sie jeden Finger der linken mit jedem Finger der rechten Hand. Sagen Sie zu sich selbst:
Ich bin ein Kind des Universums. Seine Kraft, seine Macht und seine Liebe steht mir jederzeit bereit.

Mantras

 Mantras sind Worte, die uns helfen, uns zu sammeln und mit positiven Kräften zu verbinden. Ihre Wirkung beruht auf Klang und ständiger Wiederholung.

143

Besonders wirksam sind sie für mich in Verbindung mit Gesang.

Die Sängerin Deva Premal beschreibt in ihrer CD „The Essence" die Wirkung des Gayatri Mantras, das älteste, Menschen bekannte Mantra der Welt, auf ihr Leben:

„Für mich hat dieses Mantra eine besondere Bedeutung, weil mein Vater es für mich sang, während ich neun Monate im Bauch meiner Mutter war. Nach meiner Geburt sang er es zehn weitere Jahre täglich, so daß es so sehr Teil meines Lebens wurde, daß ich mich nicht mehr erinnern kann, wann oder warum ich es einmal nicht gesungen habe."

Om bur buva svaha
Tat savitur varenam
Bargo devasja dimahi
Diyo yona prachodajat

Frei übersetzt bedeutet dieses Mantra, das nach dem Aufstehen gesungen wird:
Lebensspendende, durchleuchtende Kraft,
die du Erde, All und Universum durchstrahlst,
leuchtende Sonne, nähre uns mit deinem Strahlen,
damit wir die Weisheit der Liebe in uns spüren.

Wählen Sie sich zunächst ein Wort als Mantra, das Ihnen gut tut oder sich für Sie gut anhört. Zum Beispiel:
So-ham   Ich bin
Ah-nam   ohne Namen
Lie-be
Schi-ma (Hopi-Wort für Liebe)
Reich-tum

Sprechen Sie sich das Mantra zunächst mehrmals laut und rhythmisch vor oder singen Sie es. Experimentieren Sie mit dem Klang, finden Sie heraus, wie es sich für Sie am besten anhört. Sprechen Sie es dann immer leiser aus, bis es zum Flüstern wird. Entspannen Sie sich und hören Sie nun, wie Sie das Mantra innerlich sprechen. Meditieren Sie auf diese Weise ungefähr zwanzig Minuten.

Gesungene Mantras oder Chants finden Sie auf verschiedenen CDs. Z. B. Deva Premal, The Essence. Ohne weiteres können Sie sich eine einfache Melodie auch selber komponieren.

Affirmationen und Suggestionen

 Affirmationen sind Sätze oder Sprüche, die wir uns immer wieder aufsagen und die dadurch Bestandteil unseres Lebens werden. Ihre Wirkung besteht in der ständigen Wiederholung. Suggestionen sind das gleiche, nur werden Sie im Zusammenhang mit Hypnose und Tiefenentspannung benutzt. Tatsächlich befinden wir uns jedoch auch im Alltag oft in Trance und suggerieren uns Vertrauen oder Mißtrauen. „Ich werde es schaffen!" ist zum Beispiel eine alltägliche Suggestion, die Vertrauen fördert. „Das schaffst du nie!" bewirkt das Gegenteil. Leider ist diese Suggestion sehr verbreitet.
Indem wir unsere Gedanken beobachten und freundschaftlich kontrollieren, kommen wir

uns auf die Spur und können Vertrauen bewußt fördern. Folgende Affirmationen können Sie ausprobieren oder durch Ihre eigenen ersetzen:

Das Leben meint es gut mit dir.

Das Universum ist auf deiner Seite.

Du darfst Fehler machen.

Oder in der Ich-Form:

Ich wünsche das beste für mich, glaube daran und nehme es an.

Ich gebe mich dem Leben hin.

Ich habe eine persönliche Beziehung zu meiner höheren Macht.

Geduldig vertraue ich der Kraft des Universums.

Sammeln Sie Affirmationen oder Suggestionen, die Ihnen gut tun, und beginnen Sie jeden Tag mit so einem Satz. Sprechen Sie ihn auch tagsüber immer wieder, so lange, bis Sie genug davon haben.

Musik

 Musik kann uns sehr zuversichtlich stimmen. Denken Sie einmal an Triumphmärsche oder an die Musik, mit der die Artisten in den Zirkus einziehen.
Suchen Sie ganz gezielt nach aufmunternder Musik, die Ihr Vertrauen fördert. Es kann auch Musik sein, die Sie zum Tanzen anregt. Tanzen fördert unser Vertrauen immer, wenn wir es mit Freude tun.
Hören Sie sich auch Kassetten für Kinder an. Es gibt viele mitreißende Kinderlieder, die uns helfen, Vertrauen zu stärken.
Spielen Sie sich diese Musik in Krisenzeiten vor. Singen Sie die Melodien nach.
Erfinden Sie einen „Zuversichts-Song" für die ganze Familie. Das wird Ihren Kindern auch gefallen!

Gebet und Meditation

 Wie Sie gesehen haben, sind die Grenzen zwischen Gebete und Meditation fließend. Gebete können laut sein, Meditation ist immer still. Gebete haben bestimmte Anliegen, zum Beispiel Bitt- oder Dankgebete. Meditation kann auch zweckfrei sein. Gebete richten sich oft an einen persönlichen Gott oder an Heilige. Meditation muß sich nicht an jemand richten. Wir können uns aber in der Meditation durchaus mit jemanden verbinden, zum Beispiel mit Maria, Christus oder Shiva.

147

Die großen Religionen haben ihre besonderen Gebete, die den Gläubigen empfohlen werden. Meditationsschulen haben ebenfalls bestimmte Praktiken als sinnvoll herausgefunden und empfehlen sie ihren Anhängern. Wenn man täglich auf gleiche Art meditiert, wird man tiefere Erfahrungen machen, weil sich Körper und Geist auf unser Ritual und unsere Praktik einstellen und der Zustand tiefer Entspannung schneller erreicht wird.

Zünden Sie also eine Kerze an und vielleicht ein Räucherstäbchen. Setzen Sie sich an eine bestimmte Stelle vor Ihren eigenen Altar oder vor einen Blumenstrauß. Tun Sie alles, um eine ruhige, wohltuende Atmosphäre zu schaffen.

Andererseits gibt es keine Vorschriften, und Untersuchungen belegen, daß alle Arten der Meditation wirksam sind. Und alle Arten von Gebeten.

Die verschiedenen „Schulen" geben uns lediglich Hilfen an die Hand, so wie Landkarten beim Autofahren nützlich sind. Die eine Karte zeigt uns vielleicht die Tankstellen besonders deutlich, die andere die kulturellen Sehenswürdigkeiten.

Wie soll ich meditieren?

Für Meditation gilt das gleiche wie für Gebete: Meditieren Sie wie Sie wollen. Es geht darum, die Aufmerksamkeit von außen nach innen zu lenken – und wie Sie das tun, finden Sie am besten selbst heraus.

Als ich zum ersten Mal in einer Gruppe meditierte, gab es keinerlei Anweisung. Wir saßen im Kreis auf Stühlen, und ich wußte, daß es sinnvoll ist, den Rücken gerade zu halten, damit der Nerv Vagus, der die Entspannung bewirkt, möglichst gut funktioniert. Irgendwann war die Meditation beendet, und die Teilnehmer berichteten von ihren „Erlebnissen". Erlebnisse? Ich hatte mich nur mit meinen Alltagsproblemen beschäftigt.

Die Amerikanerin Patricia Carrington hat ihre Doktorarbeit über Meditation geschrieben und umfangreiche Studien betrieben und zitiert. Meditation ist hilfreich und wirksam, so das Ergebnis, und jede Art von Meditation hat positive Resultate wie: weniger Angst, bessere Konzentration, mehr Kreativität.

Geben Sie daher nicht vorschnell auf, wenn Sie beim ersten Mal das Gefühl haben: „Das bringt nichts" oder „Zeitverschwendung!" Üben Sie weiter – vielleicht mit einer anderen Methode – und erwarten Sie nichts. Die Wirkung tritt auf jeden Fall ein!

Wenn Sie anfangen, sich still hinzusetzen, werden Sie Ihre inneren Filme, Stimmen und Gedanken besonders deutlich wahrnehmen. Das ist ganz normal.

Sie können auf einem Stuhl, in einem Sessel oder auf einem Meditationskissen sitzen. Wichtig ist, daß Ihre beiden Füße guten Kontakt zum Boden haben – also keine Schuhe, sondern dicke Socken. Wenn Sie einen Schneider- oder Yogasitz einnehmen, werden Sie sich anders fühlen als im Fersensitz, wobei Ihre Knie und Unterschenkel auf dem Boden aufliegen. Sie dürfen sich sogar auf den Rücken legen, falls Sie dabei einschlafen, ist es natürlich keine Meditation mehr, aber auch von Nutzen. Das Allerwichtigste ist, denke ich, daß sie zu allem *ja sagen,* was immer auch geschieht. Und wenn Sie zwanzig Minuten lang – eine gute Zeit für Einsteiger – über das Mittagessen nachdenken: *Verurteilen Sie sich nicht* dafür! Es wird die Zeit kommen, in der Sie Anfang und Ende eines Gedankens wahrnehmen und die Pause zwischen zwei Gedanken genießen. Irgendwann wird sich diese Pause ausdehnen, und Sie werden die wohltuende Wirkung der Meditation erfahren.

Lassen Sie Ihre Gedanken vorbeiziehen wie eine Karawane am Horizont der Wüste: Sie nehmen sie wahr, aber Sie haben nichts damit zu tun.

Es ist gerade am Anfang leichter, in einer Gruppe zu meditieren als allein. Wenn Sie im Kreis sitzen, werden Sie die Energie, die von so einer Gruppe ausgeht, deutlich spüren und als Bereicherung erleben. Es ist wie Jesus sagte: „Wo zwei oder drei versammelt sind in meinem Namen, da bin ich mitten unter ihnen."

Sie können den Satz aber auch abändern: Wo zwei oder drei versammelt sind in der Stille, wird sich die Stille ausbreiten und segnend wirken.

Ich meditiere regelmäßig in einer Gruppe. Wir sind fast alle Mütter und berufstätig und gestreßt. Wenn wir ankommen, erzählen wir uns kurz, wie unsere Woche war, die ganzen alltäglichen Katastrophen. Danach singen wir einige Mantras, lesen einen Text, beten und meditieren eine Stunde. Anschließend tauschen wir uns wieder aus, und siehe da: Fast jede von uns konnte ihre Sorgen, Ängste und Ärgernisse in Dankbarkeit und Zuversicht verwandeln, eine Idee zum Weiterdenken erhalten oder sich einfach getröstet fühlen.

Wenn Sie allein meditieren, werden Sie mit der Zeit ähnlich positive Erlebnisse haben. Nach meinen Erfahrungen tut etwas Singen am Anfang gut. Sie können ein Mantra singen, ein Kirchenlied, das Sie mögen, oder einfach nur einen langen Ton auf einen Vokal. Die heilige Silbe ohm hat eine besondere Wirkung, die Sie verspüren, wenn Sie sich dreimal oder mehr darauf einlassen, es mit voller Lunge aus sich herausströmen zu lassen. Schließen Sie danach die Augen und stellen Sie sich vor, den Raum der Stille zu betreten. Wenn Ihnen das hilft, können Sie sich dabei einen klaren Bergsee vorstellen oder ein anderes angenehmes Bild in sich aufsteigen lassen.

Einige Meditationsschulen finden das Zählen von eins bis zehn und wieder von vorn besonders hilfreich. Ich mag das nicht, obwohl es wirklich hilft, Gedanken loszulassen.

Wichtig ist auch der Atem. Wenn Sie anfangen, den Atem zu beobachten, wie er kommt und geht, ganz von allein, und wo Ihr Körper vom Atem bewegt wird, sind Sie Gott schon sehr nah gekommen. Was ist der Atem denn überhaupt?

Die Brücke zum Leben? Der Anschluß an universelle Energie? Eingeatmete Liebe? Vertrauen pur? Auf jeden Fall ein Wunder, das wir bewußt und täglich wahrnehmen dürfen.

Die Kraft des positiven Denkens

Positives Denken setzt Vertrauen und Hoffnung voraus. Aber gerade dann, wenn Ihnen Vertrauen fehlt und Sie verzweifelt sind, können Sie anfangen, die Dinge einmal anders zu sehen. Norman Vincent Peale, ein Doktor der Theologie und der Vater des positiven Denkens, empfiehlt zum Beispiel, bei Angst den Satz: „Ich bin nicht allein" oder: „Fürchte dich nicht, ich bin bei dir" ständig zu wiederholen und dabei an die Anwesenheit Gottes zu denken.

Eine andere Methode besteht darin, jedem negativen Gedanken sofort einen positiven entgegenzusetzen. Wenn Sie zum Beispiel angstvoll denken: „Hoffentlich verunglückt Lars nicht mit dem Motorrad" denken Sie sofort danach: „Er ist ein sicherer Fahrer und hat einen Schutzengel."

Andere Menschen haben gute Erfahrungen damit gemacht, die Angst wie einen „Dämon" auszutreiben, indem sie zu sich selbst bzw. zu ihrer Angst sprachen: „Im Namen von Jesus Christus, verlaß mich!"

Positiv denken heißt nicht, Gefahren oder Hindernisse nicht sehen zu wollen. Es bedeutet, das beste daraus zu machen, die Chance darin zu erkennen. Und sich nicht einschüchtern oder verrückt machen zu lassen.

Positiv denken hat viel mit spiritueller Intelligenz zu tun. Fragen Sie sich: Worin liegt der Sinn? Oder: Was will mir das Problem jetzt sagen?

Ich habe in meinem Leben sehr oft erlebt, daß sich Enttäuschungen oder Schicksalsschläge im nachhinein als etwas sehr Positives entpuppt haben. Das hat mein Vertrauen enorm gestärkt. Ich möchte sogar behaupten, daß *jedes Problem ein Geschenk enthält.* Dieses Geschenk sieht man nicht gleich, aber es liegt bereit, und eines Tages werden Sie es auspacken. Sie dürfen sich Zeit lassen – aber Sie können auch gleich damit anfangen.

Als der Mann meiner Freundin sie eines Tages wegen einer anderen Frau verließ, war sie monatelang deprimiert. Mit ihren zwei Kindern fühlte sie sich alleingelassen, verraten und gedemütigt. Eine begonnene Therapie ließ ihr Selbstwertgefühl wachsen, und bald lernte sie einen neuen Mann kennen, mit dem sie so glücklich ist wie nie zuvor. Hätte ich ihr vor einem Jahr gesagt: Du wirst wieder lachen und dich total wohlfühlen – hätte sie das nicht glauben können. Schade eigentlich, nicht wahr? Wenn wir uns bemühen, positiv zu denken, entwickeln wir völlig neue Sichtweisen. Meine Tochter ist schulisch völlig abgesackt? Gut, auf was weist uns dieses Problem hin und was unternehme ich jetzt? Mein Sohn war zum ersten Mal betrunken? Gut, was lernen wir beide daraus? Meine Tochter macht, was sie will? Worin liegt die positive Kraft? Was sagt mir das jetzt? Was ist der nächste Schritt?

„Glaube und positive Gedanken sind die Geheimnisse, zusammen mit harter Arbeit, Entschlossenheit und dem Vor-Augen-Halten Ihres Zieles", sagte Peale einem jungen Amerikaner, der Jura studieren möchte. Er ist arm und viele würden wahrscheinlich denken: er hat keine Chance. Jeder hat jedoch jeden Tag immer wieder viele Chancen. Unser Problem ist, daß wir sie meistens nicht nutzen.

„Ich vermag alles durch den, der mich mächtig macht, Christus" (Philipper 4, 13) gibt Peale dem jungen Mann mit auf den Weg (Peale, Nimm das Glück in deine Hand, S. 110). Er ist neunzehn, genau wie Frank MacCourt, der 1949 mit selbst erspartem Geld nach Amerika kommt und heute, mit siebzig Jahren, Millionär ist, weil er seine Lebensgeschichte auf so humorvolle, anschauliche Weise aufgeschrieben hat. Sie wurde in über 22 Sprachen übersetzt und auf der ganzen Welt gelesen. Was wäre wohl aus ihm geworden, wenn er nicht an sich geglaubt und „Das bringt sowieso nichts" gedacht hätte?

Wenn wir positiv denken, fühlen wir uns automatisch innerlich wohler. Was wir erwarten, wird eintreffen, früher oder später, ganz bestimmt.

In einem Brief an Peale schreiben zwei Leser: „Heute haben wir es uns zur festen Gewohnheit gemacht, von jedem Tag nur das Beste zu erwarten, und es ist auch stets eingetroffen. Mit einer Ausnahme: Der Grad unseres Glückes hängt davon ab, wieviel Vertrauen wir entwickeln" (Peale a. a. O. S. 217).

Von Engeln und anderen guten Mächten

Vielleicht sind Ihnen auch schon mal Engel begegnet. Die meisten Menschen glauben an Schutzengel, denn es ist schon merkwürdig, wenn ein Kind aus dem vierten Stock fällt und nur ganz leicht verletzt ist oder ein Auto den Abhang runter rutscht und den Baum, der dort wächst, um Haaresbreite verfehlt. Es gibt Millionen solcher Geschichten, die wir hören und meistens ganz schnell wieder vergessen. Engel sind unter uns! Sie durchwirken unser Leben wie Goldfäden einen Brokatstoff. Also müssen wir nichts wirklich fürchten.

In der Findhorn Gemeinschaft kam irgendwann jemand auf die Idee, positive Kräfte oder Mächte oder sogenannte Tugenden auf Karten zu schreiben und mit ihnen spielerisch umzugehen. Vielleicht sind Ihnen solche Engelskarten auch schon begegnet. Ich finde, solche Karten gehören in jeden Haushalt. Sie können sie kaufen – oder selber machen. Listen Sie einmal alle Tugenden auf, die Sie kennen und schätzen: Humor, Großzügigkeit, Zuversicht, Vertrauen, Toleranz, Begeisterung, Hingabe, Dankbarkeit … und schreiben Sie diese auf Karten, die Sie schön gestalten. Von der Rückseite müssen die Karten alle gleich aussehen.

Besorgen Sie sich dann einen schönen flachen Teller und legen Sie die Karten mit der Rückseite nach oben darauf. Sie können nun jeden Morgen oder in anderen Situationen, in denen Sie eine Anregung brauchen, eine Karte ziehen. Das Ergebnis wird Sie überraschen. In meiner letzten Therapiestunde dachte ich daran, der Frau noch zu raten, zu beten. Schließlich habe ich es aber vergessen, oder vielleicht hatte ich auch Angst, es auszusprechen. Ich ließ sie aber zum Schluß eine Engelkarte ziehen. Und was stand darauf? Gebet! Solche Erlebnisse habe ich immer wieder.

„Der Engel der Zuversicht", schreibt Anselm Grün in seinem wunderbaren Buch „50 Engel für das Jahr", „schenkt uns Hoffnung und Vertrauen in die Zukunft. Zuversicht kommt von sehen, mit den Augen verfolgen, was geschieht. Zuversicht meint, daß ich zusehe, wie Gott alles lenkt und leitet, wie er seine Engel aussendet, um diese Welt nicht dem Unheil zu überlassen, sondern alles zum Guten zu wenden" (S. 49).

Und es gibt auch den Engel des Vertrauens. „Wenn ich dir den Engel des Vertrauens wünsche, so vertraue ich darauf, daß Du nicht einfach dem Mißtrauen ausgeliefert bist, das Du als Kind mitbekommen hast. Du kannst Vertrauen lernen. Du kannst beim Engel des Vertrauens in die Schule gehen" (S. 134). Und weiter: „Ich wünsche Dir, daß Du Dich immer vom Engel des Vertrauens umgeben weißt. Dann mußt Du nicht hundertprozentig genau wissen, ob Du diesem Menschen gerade vertrauen kannst oder nicht. Du fällst nicht aus dem Vertrauen heraus, selbst wenn Dich jemand enttäuscht. Der Engel des Vertrauens wird Dich weiterhin begleiten und Dir immer wieder Mut machen, Dir selbst zu trauen und das Vertrauen auf Menschen zu wagen. Vertrauen meint ja gerade, daß ich mich auf etwas beziehe, was nicht in meiner Macht steht" (S. 136).

Wenn Sie sich jeden Morgen vom Engel der Zuversicht und vom Engel des Vertrauens geweckt fühlen, werden Sie Ihr schöpferisches Potential auf einzigartige Weise entfalten.

Im 91. Psalm heißt es in Vers 11 f:

„Denn er befiehlt seinen Engeln, dich zu behüten auf alle deinen Wegen. Sie tragen dich auf ihren Händen, damit dein Fuß nicht an einen Stein stößt."

Was ist Segen?

Das Wort Segen kommt von signare und bedeutet soviel wie kennzeichnen. Indem Gott uns segnet, gibt er uns etwas von sich, kennzeichnet uns als die seinen, erklärt uns zu seinen Kindern. Ich bin jedoch fest davon überzeugt, daß alle Menschen gesegnet sind, das heißt von Natur aus oder von Anfang an zu Gott gehörig. „Wenn du Gott nicht in allem siehst, siehst du ihn gar nicht", heißt es in einem Spruch. Oft vergessen wir den Segen. Dann tut es gut, sich bewußt daran zu erinnern.

Wir sagen: „Dieser Mensch ist ein Segen für die Firma" oder „Gesegnete Mahlzeit" oder „Sich regen, bringt Segen." Oder: „Es regnet, Gott segnet". Damit meinen wir, daß der Regen der Erde gut tut, daß etwas Fruchtbares daraus entsteht. Segen bedeutet, die Liebe des himmlischen Vaters oder der kosmischen Mutter deutlich zu spüren. Wenn uns die Mahlzeit gut tut, dann ist sie gesegnet.

Segen bedeutet göttliche Liebe. Sie ist überall da,

wo wir darum bitten und sie wahrnehmen. Wo wir diese Liebe spüren, kann etwas gedeihen, kann etwas Sinn haben, kann sich ein Weg auftun. Ein Mensch, der gesegnet ist, kann anderen ein Segen sein. Jeder wird anderen ein Segen sein, wenn er sich seines göttlichen Ursprungs erinnert. Wenn wir unsere Kinder segnen, können wir unsere Sorgen getrost loslassen. Indem wir ihnen die Hand auf den Kopf legen und einen Segenswunsch aussprechen, erinnern wir uns an den göttlichen Segen und lenken ihn auf das Kind.

„Der Herr segne dich und behüte dich. Der Herr lasse sein Angesicht leuchten über dir und sei dir gnädig. Der Herr erhebe sein Angesicht auf dich und gebe dir Frieden"

ist ein uralter Segensspruch, den ich sehr mag. Sie können aber auch eigene Segenssprüche erfinden. Und Sie müssen ihr Kind auch nicht körperlich berühren. Wenn wir bei jedem Mal, wo sie unsere Wohnung verlassen, denken: „Mögest du gesegnet sein", wird unser Vertrauen wachsen.

Wenn Gott für dich ist, wer wird dann gegen dich sein?

Wie Liebe wirkt

Immer wieder hören wir von Menschen, die durch Liebe geheilt wurden oder deren Leben sich durch Liebe entscheidend verbesserte. In den achtziger Jahren faszinierte mich ein Buch, das „Unter dem Auge der Uhr" hieß. Dort beschreibt ein spastisch gelähm-

ter Mann, wie er durch den Glauben seiner Eltern und
die Liebe seiner Familie zum Schriftsteller wurde.

In dem im Herder Verlag erschienenen Buch
„Mike" läßt uns ein amerikanischer Vater Anteil
nehmen an dem Lebensweg eines schwer mißhandel-
ten Jungen, der durch den Glauben und das uner-
schütterliche Vertrauen seiner Pflegeeltern viele De-
fizite überwindet und sein Glück findet.

Von Pflanzen wissen wir, daß sie besser gedeihen,
wenn wir ihnen gute, liebevolle Gedanken senden.
Sollte das nicht auch für unsere Kinder gelten?

In seinem Brief an die junge Gemeinde in Korinth
schreibt Paulus:

Ich zeige euch jetzt noch einen anderen Weg, einen
der alles übersteigt:
Wenn ich in den Sprachen der Menschen und Engel
redete,
hätte aber die Liebe nicht,
wäre ich ein dröhnendes Erz oder eine lärmende
Pauke.
Und wenn ich prophetisch reden könnte
und alle Geheimnisse wüßte,
und alle Erkenntnisse hätte;
wenn ich alle Glaubenskraft besäße
und Berge damit versetzen könnte,
hätte aber die Liebe nicht,
wäre ich nichts.
Und wenn ich meine ganze Habe verschenkte,
und wenn ich meinen Leib dem Feuer übergäbe,
hätte aber die Liebe nicht,
nützte es mir nichts.
Die Liebe ist langmütig,
die Liebe ist gütig.

Sie ereifert sich nicht,
sie prahlt nicht,
sie bläht sich nicht auf.
Sie handelt nicht ungehörig,
sucht nicht ihren Vorteil,
läßt sich nicht zum Zorn reizen,
trägt das Böse nicht nach.
Sie freut sich nicht über das Unrecht,
sondern freut sich an der Wahrheit.
Sie erträgt alles,
glaubt alles,
hofft alles,
hält allem stand.
Die Liebe hört niemals auf.
Prophetisches Reden hat ein Ende,
Zungenrede verstummt,
Erkenntnis vergeht.
Denn Stückwerk ist unser Erkennen,
Stückwerk unser prophetisches Reden;
wenn aber das Vollendete kommt,
vergeht alles Stückwerk.
Als ich ein Kind war, redete ich wie ein Kind,
dachte wie ein Kind und urteilte wie ein Kind.
Als ich ein Mann wurde, legte ich ab, was Kind an
mir war.
Jetzt schauen wir in einen Spiegel
und sehen nur rätselhafte Umrisse,
dann aber schauen wir von Angesicht zu Angesicht.
Jetzt erkenne ich unvollkommen,
dann aber werde ich durch und durch erkennen,
so wie ich durch und durch erkannt worden bin.
Für jetzt bleiben Glaube, Liebe, Hoffnung, diese drei.
Doch am größten unter ihnen ist die Liebe.

Literatur

Bauer, Werner: Mut zum Vertrauen, Vom Gegeneinander zum Miteinander, Plädoyer für neue Formen der Zusammenarbeit, Frankfurt, New York 1996

Bos, Lex: Vertrauen schenken, Soziale Aufbaukräfte, Dornach 1998

Branden, Nathaniel, Die 6 Säulen des Selbstwertgefühls, Erfolgreich und zufrieden durch ein starkes Selbst, Hamburg 1995

Brown, Christy, Mein linker Fuß, Zürich 1995

Dossey, Larry: Heilende Worte, Die Kraft der Gebete und die Macht der Medizin, Südergellersen 1995

Dyer, Wayne W: Mut zum Glück, So überwinden Sie Ihre inneren Grenzen, Reinbek 1997

Drogen-Heft der Barmer Ersatzkasse, Wuppertal

Hirschi, Gertrud, Mudras, Yoga mit dem kleinen Finger, Freiburg 1999

Jeffers, Susan: Selbstvertrauen gewinnen. Die Angst vor der Angst verlieren, München 1992

Kabat-Zinn, Jon und Myla: Mit Kindern wachsen, Die Praxis der Achtsamkeit in der Familie, Freiamt 1997

Kahl, Reinhard, Lob des Fehlers, Folge 1–4, Pädagogische Beiträge, Verlag Rothenbaumchaussee 11, 20148 Hamburg

Kast, Verena: Vom Sinn der Angst – Wie Ängste sich festsetzen und wie sie sich verwandeln lassen, Freiburg 1996

Kübler-Ross, Elisabeth: Kinder und Tod, München 1983

Mardorf, Elisabeth: Ich schreibe täglich an mich selbst, Im Tagebuch die eigenen Stärken entdecken, München 1999

Meijs, Jeanne: Der schmale Weg zur inneren Freiheit, Ein Leitfaden durch die Zeit der Pubertät, Stuttgart 1998

Peale, Norman Vincent: Die Wirksamkeit positiven Denkens, Bergisch-Gladbach 1999

Peale, Norman, Vincent: Nimm das Glück in Deine Hand, Zehn Regeln für ein positives Leben, München 3. A. 1998

Preuschoff, Von 12–16, Abenteuer Pubertät, Köln, 3. A. 2000

Dies., Wachsen und wachsen lassen, Anregungen für das Leben mit Kindern, Köln 1999

Dies., Ganz entspannt mit Kind und Kegel, Meditationen für gestreßte Mütter, München 1997

Stangl, Marie-Luise: Jede Minute sinnvoll leben, Vertrauen zu sich selbst gewinnen, Düsseldorf, 3. A. 1995

Von Werder/Schulte-Steinicke: Schreiben von Tag zu Tag, Wie das Tagebuch zum kreativen Begleiter wird, Zürich und Düsseldorf 1998

Zohar, Danah/Marshall, Ian: SQ Spirituelle Intelligenz, Die notwendige Frage nach dem Sinn – Wie das menschliche Gehirn Kreativität entstehen läßt, Visionen und Werte entwickelt und dem einzelnen Leben Sinn verleiht, Bern 1999